NOTES ET DOCUMENTS INÉDITS

POUR SERVIR A LA BIOGRAPHIE

DE

JEAN DE MONLUC

ÉVÊQUE DE VALENCE

PUBLIÉS

PAR

PHILIPPE TAMIZEY DE LARROQUE

PARIS

AUGUSTE AUBRY, LIBRAIRES

rue Dauphine, 16

—

1868

A Monsieur Léopold Delisle
Tamizey de Larroque

NOTES ET DOCUMENTS INÉDITS

POUR SERVIR A LA BIOGRAPHIE

DE

JEAN DE MONLUC

ÉVÊQUE DE VALENCE

Auch, impr. et lith. Félix Foix.

NOTES ET DOCUMENTS INÉDITS

POUR SERVIR A LA BIOGRAPHIE

DE

JEAN DE MONLUC

ÉVÊQUE DE VALENCE

PUBLIÉS

PAR

PHILIPPE TAMIZEY DE LARROQUE

Extrait de la REVUE DE GASCOGNE

PARIS
AUGUSTE AUBRY, LIBRAIRES
rue Dauphine, 16

1868

NOTES ET DOCUMENTS INÉDITS

pour servir à la biographie de

JEAN DE MONLUC

ÉVÊQUE DE VALENCE.

Quand j'ai voulu retracer les principaux événements de la vie de François de Noailles, j'ai eu la bonne fortune de trouver dans l'abbé de Vertot un de ces guides que l'on peut suivre en toute sécurité. M'occupant aujourd'hui de celui qui fut, comme diplomate, comme orateur, comme écrivain, le digne émule du grand évêque de Dax, j'ai moins de bonheur; car, bien que je compte parmi mes devanciers des érudits de la force de Jacques Echard (1) et du P. Griffet (2), un certain nombre de points sont encore douteux, obscurs, dans la biographie de Jean de Monluc (3). Les longues recherches auxquelles je me suis livré m'ont permis d'ajouter de sûrs renseignements à ceux qui avaient été déjà recueillis par le dominicain et par le jésuite, mais, malgré mes efforts, toutes les incertitudes, toutes les lacunes n'ont point disparu. Aussi je supplie le lecteur de daigner tenir compte, dans l'appréciation de ce travail, des difficultés qui étaient invincibles comme des difficultés qui ont été vaincues.

(1) *Scriptores ordinis prædicatorum recensiti, notisque historicis et criticis illustrati.* Paris, 1719-1721, in-fol., p. 252-254 du tome II. Il ne faut pas oublier que cet inappréciable ouvrage avait été commencé par Jacques Quetif, dont Echard, dans sa préface, fait un si bel éloge, disant que son confrère, pour arriver à la vérité, ne recula jamais devant aucune fatigue, *nullisque laboribus ut verum assequeretur pepercit*, et se mettant avec une touchante modestie fort au-dessous de ce prédécesseur, *ad tam eximium virum longe impari* Dans cette préface, Echard se montre bien reconnaissant envers tous ceux qui l'ont aidé. Il dit en particulier d'un bénédictin cher à la Gascogne, que ce serait un crime de ne point citer son nom, *eruditissimum ascetam Maurum Bernardum Montfauconium omittere scelus esset.*

(2) *Observations critiques et historiques sur le règne de Charles IX*, dans le tome X de l'*Histoire de France* du P. Daniel, in-4°, 1755, p. 639-646.

(3) On lit dans la *France protestante*, article *Monluc* : « Les renseignements que nous fournissent les biographies sur son compte sont en général si vagues que l'on ne peut rien préciser. »

J'ai déjà eu l'occasion de me plaindre de l'ignorance dans laquelle nous sommes au sujet de la date de la naissance de Blaise de Monluc (1). Me servant d'une indication fournie par le héros gascon lui-même dans une très curieuse lettre que j'ai eu le plaisir de publier le premier, j'ai proposé de placer cette naissance vers 1501 (2). Jean de Monluc étant le second fils de François de Lasseran de Massencome et de Françoise d'Estillac, on peut dire sans précision, mais aussi sans erreur, qu'il vint au monde dans les premières années du XVIe siècle (3).

Quel fut son berceau? Echard a dû avoir de bonnes raisons pour déclarer que ce fut Condom (4). Pourtant, je rappellerai que, pendant longtemps, on a fait naître à tort Blaise de Monluc dans la même ville. Peut-être, comme son frère aîné, Jean vit-il le jour à Sainte-Gemme (commune du Saint-Puy), là où son père et sa mère demeuraient habituellement. Dans ce cas, en vertu de la loi qui veut que presque toujours ce qui est grand absorbe ce qui est petit (5), on aurait confondu avec Condom un lieu qui en était voisin et qui était moins considérable et moins connu.

Une fâcheuse infirmité, plus qu'une ardente vocation fit de

(1) *Quelques pages inédites de Blaise de Monluc*, 1863, p. 2.

(2) *Ibidem*, p. 16. Voir encore sur ce point mon compte-rendu du t. 1er de l'édition des *Commentaires et Lettres de Blaise de Monluc*, par M. Alphonse de Ruble, *Revue d'Aquitaine* de juillet-août 1865, p. 40.

(3) « *Natus ineunte circiter seculo* XVI. » Puisque le minutieux Echard ne nous donne que cet à peu près, contentons-nous-en, et n'espérons guère trouver ni le jour, ni le mois, ni l'année, dont la connaissance a échappé, il y a près d'un siècle et demi, à un semblable chercheur. Ni Moreri, ni le Père Griffet, ni Chaudon, ni l'abbé Monlezun, n'ont abordé la question de la date de la naissance de Jean de Monluc. MM. Haag ont adopté la prudente formule d'Echard. On ne sait pourquoi M. Paul Louisy, dans la *Nouvelle Biographie générale*, fait naître Jean de Monluc vers 1508. M. le marquis de Noailles, en un livre qui vient de paraître au moment où j'achève ce travail (*Henri de Valois et la Pologne en* 1572, 3 vol. in-8°), est à peu près de mon avis, car, suivant lui (tome I, p. 94), Jean de Monluc naquit vers 1502. Je profiterai du beau livre du jeune historien pour indiquer, à l'*Appendice*, ce qui avait échappé à mes recherches en ce qui regarde la part prise par Jean de Monluc aux négociations qui mirent la couronne des Jagellons sur le front du duc d'Anjou.

(4) Les biographes énumérés dans la note précédente ne disent rien du lieu de naissance de Jean de Monluc, à l'exception de MM. Haag qui ont indiqué la ville de Condom.

(5) Cette loi est déjà formulée dans les *Aphorismes* d'Hippocrate, seconde section, n° 46.

Jean de Monluc un dominicain (1). Echard ne sait trop s'il entra dans le monastère de Condom ou dans celui d'Agen. Le jeune religieux acquit bien vite un grand renom de savoir et de talent. Servi par une prodigieuse facilité d'élocution (2), Jean de Monluc charmait tous ceux qui l'écoutaient, et rarement l'éloge que l'on nous a donné d'être de beaux parleurs, *argute loqui*, a été aussi bien justifié que par lui. Introduit auprès de la reine de Navarre, qui habitait souvent le château de Nérac, il fut fort apprécié de cette princesse (3), et, abandonnant la vie monastique, il devint un des ornements de cette cour où brillaient déjà tant d'hommes d'élite. Là, sous les plus favorables influences, les exquises qualités de son esprit se développèrent encore. Mais si Jean de Monluc gagna, dans la gracieuse compagnie de la sœur de François Ier, plus de délicatesse et plus d'élégance, ne trouva-t-il pas pour sa croyance, comme pour ses mœurs, bien des dangers au milieu des séductions d'une cour qui souriait aux idées nouvelles et où fleurissait une galanterie si raffinée (4)? Et n'est-ce point aux éner-

(1) M. Long (*La Réforme et les guerres de religion en Dauphiné*, 1856, in-8°, p. 13) dit qu'on peut trouver quelque ressemblance entre Jean de Monluc et un autre bien fin diplomate, comme lui boiteux, et comme lui évêque, le fameux Talleyrand.

(2) Echard se permet à ce sujet ce jeu de mots : *cui mira fuit dicendi facilitas atque felicitas*.

(3) « Mais qui l'a esté (habile) plus que les deux frères, ç'a esté M. l'evesque de Valence, fin, deslié, trinquat (*), rompu et corrompu, autant pour son sçavoir que pour sa pratieque. Il avoit esté de sa premiere profession jacobin, et la feue reyne de Navarre Marguerite, qui aymoit les gens sçavans et spirituels, le cognoissant tel, le deffrocqua et le mena avecques elles à la cour, le fit cognoistre, le poussa, luy aida, le fit employer en plusieurs ambassades; car je pense qu'il n'y a guieres pays en l'Europe où il n'ayt esté ambassadeur et en negociation, ou grande ou petite, jusques en Constantinople, qui fut son premier advancement, et à Venise, en Poulongne, Angleterre, Escosse et autres lieux. On le tenoit lutherien au commancement, et puis calviniste, contre sa profession episcopalle ; mais il s'y comporta modestement par bonne mine et beau semblant : la reyne de Navarre le deffrocqua pour l'amour de cela. » (Brantome, *Hommes illustres et grands capitaines françois*, édition Buchon dans le *Panthéon littéraire*, t. I, p. 368.)

(4) Le R. P. Perrone me paraît frapper un peu trop fort sur la cour de Nérac quand il assure que Marguerite en avait fait « comme un rendez-vous de gens perdus des deux sexes et une véritable école de corruption. » (*Le protestantisme et la règle de foi*, tome III de la traduction française, 1854.) L'illustre théologien n'hésite pas à ranger Jean de Monluc « parmi les principaux fauteurs du nouvel évangile. » (*Ibidem*, p. 145.)

(*) Le P. Griffet, qui lit *rinquant*, se plaint de n'avoir trouvé ce vieux mot dans aucun des anciens u des nouveaux dictionnaires.

vantes impressions alors ressenties par l'infidèle dominicain qu'il faut attribuer les faiblesses et les égarements qui ont été voilés par ses panégyristes, mais que l'impartiale histoire a le droit de lui reprocher ?

Jean de Monluc devait être âgé de trente-deux à trente-quatre ans, quand François Ier, si bienveillant pour les protégés de sa sœur, lui confia une mission dans le Levant. Lui-même nous apprend en une lettre adressée de Rome au cardinal du Bellay qu'il partit le 6 août (1536) « vers Barberousse pour luy déclairer la voulonté du Roy (1). » Voici comment l'envoyé du roi de France rend compte à l'ancien évêque de Bayonne des mille incidents de son voyage : « Touttesfoiz m'en allay à Naples, et la feiz obliger les mariniers de me conduyre jusques à Malte dedans troys jours. De là estant près de Regio me fut dict que une fuste (2) de Turcs estoit là auprez. Sur ce faignyz estre tant malade qu'il me estoit besoing aller audit Regio : peu après vinsmes à descouvrir ladite fuste, et fouysmes tost à terre. Quand tous furent saulvez, j'appelay le cappitaine, lequel par ma bonne sorte feut des amys dudit Barberousse, et par mes prieres et promesses soubdain me porta vers Modon, et venuz près dudit lieu, entendy l'armée estre partie trois jours avant, et incontinent retournay vers la Pouille pour le trouver. Le jour même survint si grant fortune que feusmes transportez en Barbarie à un lieu nommé Calibée. De là trouvay

(1) Cette lettre figure à l'état de copie dans la collection Dupuy (tome 265). Guillaume Ribier, d'après l'original aujourd'hui perdu, en a donné quelques extraits dans les *Lettres et memoires d'estat des roys, princes, ambassadeurs et autres ministres sous les règnes de François Ier, Henri II et François II* (Blois, in-fol., 1677, t. I, p. 23). M. Charrière a eu soin de la reproduire en entier, sur la copie de Dupuy, à la page 327 du tome I des *Négociations de la France dans le Levant* Ni Ribier, ni M. Charrière, n'ont jugé à propos de consacrer, à cette occasion, une notice à Jean de Monluc. Seulement, le dernier rappelle, en une note, que Pouqueville, dans son mémoire très superficiel sur les consulats du Levant, inséré au tome X de la nouvelle série des *Mémoires de l'Académie des inscriptions*, a confondu la mission accidentelle de Jean de Monluc, en 1536, avec sa réelle ambassade à Constantinople, en 1545. Ni dans les manuscrits de Dupuy, ni dans les recueils de Ribier et de M. Charrière, la lettre au cardinal du Bellay n'est datée, mais elle a dû être écrite au commencement de l'année 1537.

(2) Long bâtiment qui était à voiles et à rames.

moyen me faire apporter à la Gerbe, où je trouvay une galere qui me porta incontinent vers l'armée, et la trouvay le premier jour de septembre revenant de la Pouille... » Barberousse l'emmène à Constantinople. « Par tout le chemin il m'a traicté tant honnorablement qu'il n'est possible de plus, avec plusieurs propos, et bien souvent en allant ay veu à Galipoli septanta-cinq galeres, et à Gamar en Asie trente-cinq, plus en là vingt-cinq, à Constantinople cent et vingt... Trois mois à mer feuz mys en une nef, laquelle après avoir esté agitée ne sçay quants jours de cruelles fortunes, s'est venue rompre près de Raguze. De là suys venu à Ancone et Rome... »

A ce pittoresque récit des aventures du jeune diplomate succèdent d'intéressants détails sur l'audience qui lui fut accordée par Paul IV : « Depuis mon retour suis esté très bien receu de nostre Saint-Pere ; il n'a onc voulu m'interroger en secret, mais tout en presence de cinquante personnes. Je luy ay respondu en sorte que les imperiauls eussent voulu que je feusse encore en Turquie. Entre les autres choses, il m'a demandé qui estoit plus craint par delà, l'empereur ou le roy ; je diz le roy, pour la noblesse de son règne et sa vertu, et richesses et obeissances, et antiques victoires que ont eues les François sur les infideles, de sorte que encores en Grece et Asie tous chrestiens sont appelez Francs (1)... »

Jean de Monluc, alors protonotaire, resta plusieurs années attaché à l'ambassade de Rome, prenant, selon la remarque de Ribier (p. 190), « bonne part aux affaires de France. » Dans une lettre adressée de Rome, le 8 août 1538, au connétable de Montmorency (2), il donne de grandes louanges au sieur de Thès, am-

(1) Monluc osa, de plus, accuser Charles Quint, pour ainsi dire à la face de la chrétienté, d'avoir fait empoisonner le fils de François Ier. Il vengeait ainsi le roi son maître qui, le 5 avril 1536, à Rome et en plein consistoire, avait été l'objet des solennelles et injurieuses déclamations de l'Empereur. En 1543, devant le sénat de Venise, Monluc renouvela une accusation qui fut admise par les contemporains, mais qui a été repoussée par la postérité.

(2) *Lettres et memoires d'Estat, etc.*, t. II, p. 189. L'original existe dans le volume 2996 du Fonds français, p. 52. On a donc eu tort de répéter que les originaux de *toutes* les copies qui nous ont été conservées par Ribier sont aujourd'hui perdus.

bassadeur extraordinaire auprès du Pape (1). Lui-même ne tarda pas à mériter celles de M. de Grignan, ambassadeur du roi à Rome (2), qui écrivit en ces termes au connétable (3) : « Monseigneur, je ne vous veux point celer le bon office que fait le protonotaire de Monluc, dont vous avés fait si bonne election; car je vous asseure qu'il n'est possible de voir serviteur plus affectionné au service du Roy, ayant l'esprit, sens et experience requise pour cet affaire, dont je me trouve tant consolé, que outre le service qu'il fait audit seigneur, je ne voudrois, pour avoir beaucoup gagné, que ne l'eussiés mis en cet estat, pour les honnestes conditions que je luy voy avoir, et vous asseure que vous n'avés rien perdu au change, pour avoir laissé Nicolas Raince... »

Un peu plus tard, Grignan (Lettre à Montmorency, du 23 novembre 1538) reparlait ainsi de son habile collaborateur : « Monseigneur, j'ay veu ce que me mandés touchant le protonotaire de Monluc, lequel je ne faudray d'employer pour les affaires du Roy, comme j'ay fait dès le commencement de mon arrivée, ainsi que m'aviés commandé, dont je vous asseure, Monseigneur, avés fait très bonne election, et comme je vous ay écrit, c'est un très bon serviteur et affectionné, ayant toutes les parties requises pour sçavoir bien manier tels affaires, et n'y voy qu'une faute, c'est pauvreté (4), car il n'a rien que le bien que par diverses fois luy avés

(1) « ... Je ne puiz celer le grand aise et contentement que ha eu nostre Saine père d'entendre ces nouvelles..., et si lesdictes nouvelles luy ont esté agréables, l'alegresse luy en est redoublée d'autant qu'il a pleu au Roy les luy mander par personnaige de telle auctorité que Monsieur de Thays lequel ha merveilleusement satisfaict non seullement à ceulx qui l'avoyent congneu aux faictz des guerres, mais, qui est le principal, à sa dicte sainctété et à tout le collège... » M. de Thés avait été le colonel de Blaise de Monluc. *Commentaires*, t. I, p. 176. Brantôme lui a consacré le 1er chapitre de son discours sur les *Couronnels françois*. Voir une excellente note de Ribier sur M. de Thés et sa famille (pp. 167, 168). Ribier nous dit : « De Thés fut disgracié par Henri II parce qu'il avait fait raillerie sur la beauté et l'âge de Madame de Valentinois. Comme il n'y a rien qui offense plus les dames de la sorte que *spretæ injuria formæ*, elle le fit bannir de la Cour. »

(2) Louis Adhémar de Monteil, baron, puis comte de Grignan, qui fut plus tard ambassadeur en Allemagne et lieutenant général en Provence.

(3) *Lettres et mémoires d'Estat*, p. 251. La lettre ne porte pas de date.

(4) Blaise de Monluc (*Commentaires*, p. 105 du tome I de l'édition de M. de Ruble, édition que naturellement je citerai toujours), nous parle ainsi de la pauvreté de

fait (qu'il a eu bon loisir de dépenser). Je vous supplie, Monseigneur, y avoir egard, et luy faire donner estat pour s'entretenir, jusqu'à ce que l'ayes fait pourvoir en l'Eglise, vous promettant par ma foy, Monseigneur, qu'il ne m'en a jamais parlé, mais la necessité que je voy qu'il en a me le fait dire, et l'affection dont il se sert (1). »

Enfin, le 8 mai 1539, Grignan écrivait encore au connétable : « Monseigneur, suivant ce que Sa Majesté et vous m'avez commandé, j'ay présenté le protonotaire de Monluc à Sa Sainteté pour assister dorénavant aux audiences, vous asseurant, Monseigneur, que Sa Sainteté l'a eu très agréable, et me l'a grandement loué pour sa prudence et bonne diligence (2)... »

Quelques mois après (22 février 1539), le protonotaire adressait à Montmorency des plaintes amères contre le successeur de Grignan, l'évêque de Limoges, Jean de Langeac (3). Mais ces plaintes retentirent plus fâcheusement encore dans une lettre qu'il écrivit, le 7 juillet 1540, au cardinal du Bellay. Toute la vivacité gasconne bouillonne dans ce passage contre d'intrigants adversaires : « Seulement vous puis-je asseurer qu'ils ont tant perdu en cette cour de leur reputation, que s'ils chantoient l'Evangille, aussi bien qu'on fait à la chapelle du Pape, encore ne les croiroit on pas, attendu la fausse pointe qu'ils ont fait. Je sçay qu'à cette heure écrivant cette lettre, M. de Limoges fulmine à la cour, et

sa famille (1528) : « En ce bel équipage, j'arrivay à nostre maison, où je trouvis mon père assés en nécessité pour n'avoir pas grandz moyens de m'ayder, de tant que son père avoict vendeu des quatre partz les trois des biens de la maison, et le laissa encores chargé de cinq enfans d'ung second mariage, et nous, qu'estions dix de nostre pere. Chascun peult penser comme nous aultres pouvres de la maison de Monluc, a failheu que suivissions la fortune du monde en toutes necessittés. »

(1) *Lettres et mémoires d'Estat*, p. 258. Le premier des documents inédits groupés à la suite de ces notes est une lettre de Jean de Monluc, adressée de Rome le 10 décembre 1538, à Montmorency. J'appelle sur cette curieuse lettre toute l'attention du lecteur.

(2) *Ibidem*, p. 457. Tous ces témoignages ont été négligés par les divers biographes de Jean de Monluc.

(3) *Ibidem*, p. 503. Jean de Langeac fut un des plus actifs diplomates de la première moitié du XVIe siècle. Ses ambassades furent presque aussi nombreuses que celles de Jean de Monluc. Il répara et orna la cathédrale de Limoges, ville où l'on a gardé de lui un si reconnaissant souvenir, qu'il y est encore surnommé le bon évêque.

me semble ouyr icy le bruit de ses tonnerres et du torrent de son impétueux langage; mais s'il plaist à Dieu me faire la grâce que je sois oüy, je le rendray aussy camus que j'ay fait en cette cour. »

Trois ans plus tard, nous retrouvons Jean de Monluc ambassadeur à Venise. L'auteur des *Commentaires* dit à ce sujet (p. 143 du tome I): « Bien tost après arriva le baron de La Garde à Nice, avec l'armée turcquesque, conduicte par Barberousse, laquele estoict composée de cent ou six vingts galères. Tous les princes chrestiens qui soustenoint le party de l'Empereur faisoint grand cas de ce que le Roy nostre maistre avoict employé le Turc à son secours: mais contre son ennemy on peult de tous bois fere flesches. Quant à moy, si je pouvois appeler tous les esprits des enfers pour rompre la teste à mon ennemy qui me veult rompre la mienne, je le ferois de bon cœur: Dieu me le pardoint! Monsieur de Valence, mon frère, feust envoyé à Venise pour excuzer et couvrir nostre faict, car ces messers crioint plus que tous, et le Roy ne vouloict perdre leur alliance lequel fit une harangue en italien que j'ai voulu mettre icy, en françois, attendant qu'il nous face veoir son histoire: car je ne crois pas qu'ung homme sçavant, comme on dict qu'il est (1), vueille mourir sans escripre quelque choze, puisque moy, qui ne sçay rien m'en suis voulu mesler (2). »

La harangue de Jean de Monluc est très habile, très éloquente, et il était difficile en vérité de tirer un meilleur parti d'une cause que les Vénitiens n'étaient pas seuls à trouver mauvaise (3). Com-

(1) Le P. Griffet a été bien distrait le jour où il a écrit que Blaise n'a jamais parlé de son frère (*loco citato*).

(2) Combien il est malheureux que les prévisions de Blaise de Monluc ne se soient pas réalisées! Et quels inappréciables mémoires auraient pu retracer celui dont il a dit (t. I, p. 2): « Et, comme je l'ay faict (mon nom) cognoistre par les armes, monsieur de Valence, mon frère, auquel je ne veux desrober son honneur, l'a faict cognoistre par sa vacquation par toute l'Europpe et jusques en Turquie, en la mesme loyaulté que j'ay faict!... » Avant moi, M. A. Bazin, éditeur des *Mémoires* de Choisnin dans la collection Michaud et Poujoulat, et M. Long (*Guerres de religion en Dauphiné*, p. 169) ont déploré que Jean de Monluc n'ait pas songé à *escripre quelque choze!*

(3) *Commentaires*, t. I, p. 162: « Une chose sçay-je bien, que lors et despuis j'ay tousjours ouy blasmer ce faict, et croy que noz affaires ne s'en sont pas mieulx portés; mais ce n'est pas à moy à démesler de si grandz fuzées. »

me cette harangue est entre les mains de tout le monde (1), je ne l'analyserai point, mais je prie qu'on la relise, et je suis sûr qu'on ne s'étonnera pas, après cela, de l'éclatant succès littéraire qu'elle obtint alors partout. Paul Manuce se souvenait de l'éloquence déployée en cette occasion par Jean de Monluc, quand, en 1546, à Venise, il lui dédia, en termes si flatteurs, une de ses savantes publications (*Ad Joannem Monlucium, christianissimi regis consiliarum, ejusdemque apud Venetam rempublicam oratorem, in Ciceronis oratorios libros*) (2). Là, le digne fils d'Alde Manuce ne craint pas de comparer Monluc à ces grands orateurs romains des lèvres desquels coulaient à flots la sagesse et la persuasion, et il ne vante pas moins le caractère que le talent du représentant du roi de France (3).

Nous possédons un bien intéressant rapport de Jean de Monluc sur son ambassade à Constantinople (1545) (4). « Il plaira au

(1) *Commentaires*, p. 144-162. Je me souviens d'en avoir vu le texte italien dans un manuscrit de la Bibliothèque impériale qui appartenait au Supplément français (nº 1087), et qui renfermait une autre harangue prononcée aussi en italien par Jean de Monluc devant le Pape. On retrouve le premier discours, sous sa forme originale, dans le tome III (p. 1) des *Papiers d'État du cardinal de Granvelle*, d'après les manuscrits de la Bibliothèque de Besançon, publiés par M. Ch. Weiss (*Collection des documents inédits sur l'Histoire de France*, 1842). M. de Ruble (note de la p. 144) doute que la traduction de ce discours appartienne à Blaise de Monluc, et il ne serait pas éloigné de l'attribuer à l'orateur lui-même.

(2) *Epistolarum Pauli Manutii libri* x (Aldus junior, Venetiis, 1581, in-8º de 469 pages, au supplément intitulé: *Pauli Manutii præfationes quibus libri ad illustres viros aut ad amicos missi commendantur*, p. 21-26. Dans les *Mémoires* de Choisnin, un Palatin cite l'éloge fait, trente ans auparavant, de Jean de Monluc par Paul Manuce, appelé là « un des premiers hommes de nostre temps pour les bonnes lettres. » Pour un peuple aussi amoureux de la langue latine que le peuple polonais, la recommandation d'un cicéronien tel que Manuce devait être toute puissante.

(3) *Bonus etiam orator es, quia bonus vir* (p. 26). Je constate qu'il y a là *bonis* au lieu de *bonus*. Une aussi grosse faute d'impression échappant à un de ces Alde Manuce que M. A. Firmin Didot appelle « l'éternel honneur de l'imprimerie, » voilà de quoi consoler nos typographes contemporains !

(4) *Relation de M. de Monluc, depuis evesque de Vallence, baillée au roi François Ier et à MM. de son conseil privé à son retour du Levant pour la négociation de la paix ou trève en faveur de l'empereur Charles V et du roy des Romains, son frère*, t. I, p. 596-612, des *Négociations dans le Levant*, d'après une copie du manuscrit 745 de la collection Dupuy. M. Charrière a emprunté à ce même volume un second rapport de l'ambassadeur, mais beaucoup plus sommaire, adressé au cardinal de Tournon (p. 612-620). Ni Flassan (*Histoire générale et raisonnée de la diplomatie française*) ni de Hammer (*Histoire de l'empire ottoman*) n'ont mentionné l'ambassade de Jean de Monluc à Constantinople.

roy, dit le futur évêque de Valence, permettre que je luy rende compte de trois choses; c'est à sçavoir de la négociation de la paix d'entre le Turc et l'Empereur; puis des causes qui m'ont meu de faire le chemin de Hongrie, et des causes de la demeure que j'ay faite par les chemins. » Monluc traite avec de grands développements chacun des trois points qu'il vient d'indiquer. Parmi les heureux résultats de sa mission, il signale (p. 607) la délivrance de tous les Français qui « pour lors se trouvèrent esclaves à Constantinople. » Il répond ainsi (p. 614) au reproche qui lui avait été adressé d'avoir perdu beaucoup de temps dans son retour : « Quant au tiers point de la demeure que je fis par les chemins que l'on a voulu baptiser long séjour, il plaira au roy avoir souvenance que, aiant esté à Raguse à l'extrémité de la mort, trois jours après que l'on me jugea nest de fiebvre, me mis en chemin, me faisant porter à bras d'homme pour faire un voyage si loin et si pénible, en saison si dangereuse; en quoy Sa Majesté peut comprendre que là où l'occasion de luy faire service m'a esté présente, j'ay montré avoir si peu de respect à maladie que homme qui sortist jamais de France, et de ce en fist preuve le voyage que je fis, dix ans a (1), en Barbarie et en Levant avec le plus grand et le plus évident danger que homme y entra jamais. » Monluc ajoute que de Bude il alla à Vienne, où il resta seulement vingt-quatre heures, et que de là il se rendit à Venise en six jours et six nuits, et ne passa dans cette ville que trois jours, pendant lesquels il dut se procurer l'argent qui lui était nécessaire pour continuer son voyage (2).

Les explications si claires et si précises de l'ambassadeur de François Ier à la cour de Soliman II permettent-elles de croire

(1) La mission dont Monluc évoque ici avec fierté le glorieux souvenir ayant été accomplie en 1536, cette phrase assigne au rapport la date de 1546.

(2) Paul Manuce a de belles paroles (p. 25) pour célébrer les services rendus par Jean de Monluc à l'Europe pendant son séjour à Constantinople. Il n'oublie pas de déplorer les fatigues de l'ambassadeur qui, au milieu de l'été, navigua sous le ciel brûlant de la Grece, et qui, dans toute la rigueur de l'hiver, revint en France par les chemins les plus difficiles et sans prendre de repos, sautant immédiatement d'un cheval sur un autre.

qu'il fut, en arrivant, mis à la Bastille, comme l'assure une note écrite au folio 63 du volume 472 de la collection Gaignières (1)? Nulle part je n'ai trouvé la moindre allusion à cet emprisonnement, et si je n'ai pas le droit de nier absolument le fait, j'ai du moins le droit d'en douter beaucoup.

Nous lisons dans l'*Histoire* de J.-A. de Thou, à l'année 1548 (p. 362 du tome I, 1734) : « L'arrivée de Thermes (2) en Ecosse avait été précédée par celle de Jean de Monluc, évêque de Valence (3), déjà célèbre par son ambassade à la Porte. Le roy de France l'envoyait à la reine d'Ecosse (4) pour être son premier ministre et faire la charge de chancelier; mais il ne put obtenir cette dernière dignité, ou par la jalousie des Ecossais, ou par la défiance de la reine, femme pleine d'ombrages et de soupçons, à qui les médisants de la cour avaient peint ce prélat comme un esprit turbulent et brouillon, qui cherchait à se rendre nécessaire dans le trouble et l'embarras des affaires. Six poissons d'une grandeur énorme qui restèrent à sec dans ce même temps, assez près du port du petit Lyth, et que quelques-uns prirent pour des thons,

(1) Voici cette note qui est tirée des papiers de l'ambassade de Gilles de Noailles à Constantinople : « Jean de Monluc estant protonotaire du Saint-Siége, il fut envoyé ambassadeur extraordinaire à Constantinople, en 1545, avec les ambassadeurs de l'Empereur et du Roy de Hongrie, pour obtenir la paix ou une longue trève pour le Roy de Hongrie. Ledit sieur de Monluc partit de Venise avec l'ambassadeur de l'Empereur, qui l'y vint joindre. La République leur donna deux galères pour les conduire jusqu'à Raguse. A Raguse, ils prirent des chevaux pour aller par terre et rencontrèrent à Philipopoli l'ambassadeur du roi de Hongrie qui les y attendait, et continuèrent leur voyage ensemble. Le roi avait fait cette démarche en considération de l'alliance qui se devait faire du duc d'Orléans, son fils, avec la fille de l'Empereur ou avec celle du roy de Hongrie; mais la mort du duc d'Orléans arriva pendant cette ambassade... Monluc, ayant obtenu ce qu'il était allé demander, s'en retourna par la Hongrie pour porter la nouvelle de cette trève à Ferdinand, roy des Romains et de Hongrie, qu'il trouva à Vienne, et qui le reçut très agréablement. A son retour, il fut accusé par La Vigne d'avoir trop favorisé les affaires de l'Empereur et de son frère, à cause de quoy il fut mis à la Bastille, aussi bien que La Vigne, que Monluc accusa aussi. »

(2) Paul de Labarthe, seigneur de Thermes, dont on peut voir l'éloge dans de Thou (p. 487 du tome IV de la traduction française), et, plus amplement, dans *les Vies de plusieurs grands capitaines français*, de F. de Pavie, baron de Forquevauls. (Paris, 1643, in-4°, p. 45.)

(3) Monluc ne devint évêque de Valence qu'en 1553.

(4) Marie de Guise, qui avait épousé le roi d'Ecosse, Jacques II, en 1538.

donnèrent au nouveau ministre lieu de faire paraître la solidité de son jugement et la vivacité de son esprit; car les Ecossais, suivant leur ancienne superstition, prenant cet événement pour un présage des plus sinistres, Jean de Monluc se moqua de leur vaine crédulité, et sut donner à la chose une interprétation bien différente. Il dit gravement que le sort des poissons annonçait celui des Anglais, qui étaient entrés, à la vérité, sur des vaisseaux en Ecosse, mais qui, comme ces monstres marins, abandonnés de la mer, périraient bientôt, après la ruine entière de leur flotte. L'événement justifia sa prédiction; car peu de temps après, six compagnies anglaises furent entièrement défaites dans l'île aux Chevaux (1). »

Le tome 57 des *Mélanges* de Clairambault (Bibliothèque impériale) contient (p. 295) cette lettre de Charles de Cossé, comte de Brissac, au duc de Guise, pair de France, gouverneur et lieutenant général pour le roi en Dauphiné et Savoie (20 mars 1552) : « Monseigneur, dernièrement le sieur de Monluc et moi vous fimes requeste que vostre plaisir fut, advenant le decez de l'evesque d'Embrun, interceder pour son frère envers le Roy en ce que il fut pourveu de son evesché, et dautant que ledict sieur de Monluc a esté de nouveau adverty que quelque longueur de maladye que puisse avoir ledict evesque, que neantmoinz il n'en peult eschapper. A ceste cause nous vous avons ledict sieur de Monluc et moi encores volu supplier très humblement de voloyr avoyr souvenance de son dict frère advenant le trespas dudict evesque... »

Ce fut peut-être cette chaleureuse lettre de recommandation qui valut, l'année suivante, au protégé du duc de Guise l'évêché de Valence et de Die.

En 1557, Jean de Monluc publia : *Instructions chrestiennes de l'evesque de Valence sur les commandemens de la Loi, et des Saints*

(1) Je ne trouve rien sur Jean de Monluc dans l'ouvrage de M. A. Teulet : *Relations politiques de la France et de l'Espagne avec l'Ecosse au XVIe siècle. Papiers d'Etat, pièces et documents inédits ou peu connus, tirés des bibliothèques et des archives de France* (Paris, 1862).

Sacremens. Avec deux epistres, l'une contenant une exhortation pour tous estats à la meditation et observance des commandemens de Dieu. L'autre la manière de chrestiennement faire les processions et penitences publiques (Paris, Michel Vascosan, in-8°). Les théologiens de Sorbonne censurèrent, comme captieuses et suspectes d'hérésie, six des propositions contenues dans ce livre (1).

La même année, parurent chez Vascosan, les *Sermons de l'evesque de Valence sur les articles de la foi, et l'oraison dominicale, avec plusieurs oraisons tirées des prières de l'Eglise, dédiez aux diocèses de Valence et Die* (2). Les foudres des théologiens de Paris atteignirent encore cinq des propositions soutenues en cet ouvrage, propositions qui furent déclarées fausses et scandaleuses.

Ces deux condamnations ne découragèrent pas Jean de Monluc, car, en 1558, il publia en deux langues (Paris, Vascosan, in-8°): *Cleri Valentii et Diensis reformatio restitutioque ex sacris Patrum conciliis excerpta*, et la *Reformation du clergé de Valence et de Die, contenant cinquante articles de reformation autorisez par les anciens conciles de l'Eglise.*

En 1559, virent le jour deux autres livres du prélat : *Sermons de l'evesque de Valence sur certains points de la religion, savoir la foy, la charité, l'espérance, la patience, le nom de Dieu, l'oraison, le sabbat, recueillis fidèlement, ainsi qu'ils ont esté prononcez. Plus un sermon à son clergé fait au synode de juillet MDLVII* (Paris, Vascosan, in 8°; Avignon, Jean Dubois, 1561, in-16), et *Recueil des lieux de l'Ecriture servant à découvrir les fautes qu'on commet contre les dix commandements de la loy*, etc. (Vascosan, in-8°; Avignon, J. Dubois, in-8°). Cinq des propositions dévelop-

(1) L'ouvrage fut réimprimé à Rouen, en cette même année, in-16, selon le *Manuel du Libraire*, qui lui donne ce titre : *Deux instructions et deux épistres faites et envoyées au clergé et au peuple de Valence et de Dye, par leur évesque* Echard indique les éditions de Paris de 1559, 1561, 1565, 1566, ainsi que celles de Rouen, d'Avignon, de Lyon (cette dernière de 1561), et les traductions en italien et en allemand. Les renseignements bibliographiques d'Echard sont beaucoup plus complets que ceux de M. J.-C. Brunet.

(2) Autres éditions également in-8°, d'après Echard, à Paris, en 1561, en 1565, et, en cette même dernière année, à Lyon, chez Guillaume Regnoult.

pées dans les douze discours dont se compose le premier de ces livres devinrent, comme fausses, captieuses, scandaleuses et détournant le peuple de la simplicité de la piété, l'objet des anathèmes de la Sorbonne.

Les imprudences du théologien, et aussi celles de l'évêque (1), causèrent dans son diocèse des alarmes dont le doyen du chapitre de Valence, Félix Vermond, se fit l'organe véhément. Entraîné par un zèle que quelques auteurs ont durement caractérisé (2), l'ancien curé du village de Menglon dénonça hautement Jean de Monluc comme hérétique. Quoique aumônier de Catherine de Médicis, Félix Vermond dut expier sa témérité. Il fut condamné par le grand conseil du roi, le 14 octobre 1560, à

(1) Ecoutons l'auteur protestant de l'*Histoire de l'estat de la France, tant de la République que de la Religion, sous le règne de François II* (1576, in-8°). Il nous apprend (p. 290) que le duc de Guise, gouverneur du Dauphiné, était « forcené de ce que ceux de son gouvernement s'estoyent declarez estre de la Religion et des premiers de tout le royaume. Ceste pilule luy estoit de dure digestion....; il en accusoit publiquement cet evesque. Et de vray, ce n'estoit sans quelque occasion. Car cestuy-cy estant en son evesché, s'estoit meslé de prescher contre la coustume des evesques de maintenant, et faisoit comme un meslinge des deux doctrines, blasmant ouvertement plusieurs abus de la Papauté, qui faisoit croire qu'il y en avoit plus qu'il n'en disoit, et qu'on presta plus facilement l'aureille à l'autre party. » Le prétendu Regnier de la Planche (car le P. Lelong et M. J. C. Brunet ne croient pas que l'*Histoire de l'estat de la France* soit de cet écrivain) ajoute (p. 303) : « Pendant que le président Truchon poursuivoit ceux de Valence, Monluc, evesque du lieu, fut meu de quelque pitié et compassion de ses citoyens, aprés avoir entendu qu'ils n'avoyent eu aucune communication avec ceux d'Amboyse. Se voyant donc sollicité de ses plus privez amis, qui luy disoient qu'estant conseiller au privé conseil, et ayant autresfois tenu le parti de l'Evangile, il ne pourroit éviter la note d'infamie, s'il laissoit ses sujets au besoin, il fit tant qu'il obtint autres lettres de pardon et abolition. Mais elles ne peurent arriver si à temps, que les juges n'eussent fait décapiter deux ministres et pendre trois des principaux de la ville. » Rapprochons de ces deux passages si peu équivoques la formelle déclaration d'un des successeurs de Jean de Monluc sur le siége épiscopal de Valence, Daniel de Cosnac : « C'étoit, à ce qu'on dit, Jean de Monluc, évêque de Valence et de Die, qui avoit laissé introduire cette hérésie dans son diocèse, et qui étoit grand oncle de feu ma mère. Je me savois bon gré d'avoir rétabli ce qu'on disoit qu'il avoit mal fait... (*Mémoires* publiés pour la société de l'Histoire de France par M. le comte Jules de Cosnac, t. II, p. 115.) »

(2) *Per singularem vesaniam*, dit Jacques Echard. Le jésuite Colombi va beaucoup plus loin encore, car il voit un calomniateur intéressé dans celui qui, pour le grave dominicain, n'est qu'un fou : « *Damnato Felice Vermundo, qui spe per eos crescendi reum egerat hæreseos.* » (*R. P. Joannis Columbi Manuascensis, e societ. Jesu S. Theol. profess., liber singularis quod Joannes Monlucius, Valentinus et Diensis episcopus, non fuerit hæreticus.* Lyon, 1640, in-4°.)

demander en public, tête nue et agenouillé, pardon à son évêque, et à voir lacérer l'acte d'accusation qu'il avait lancé contre lui (1).

L'année 1560 fut, dans l'existence si agitée de Jean de Monluc, une des plus agitées. Cette année-là, nous le trouvons mêlé aux plus importants événements, soit en Angleterre auprès d'Elisabeth, soit en Ecosse auprès de Marie de Lorraine (2), soit en France auprès de Catherine de Médicis. Pour ce qui regarde les démarches de Jean de Monluc en faveur de la mère de Marie Stuart, il faut lire le *Récit que fait l'évêque de Valence de ce qu'il a négocié en Ecosse, par l'avis et commandement de la reine-régente* (p. 392-414 des *Négociations, lettres et pièces diverses relatives au règne de François II tirées du portefeuille de Sébastien de l'Aubespine, évêque de Limoges*, par Louis Paris; dans la *Collection des documents inédits*, 1841) (3). Ce récit est plein de

(1) Echard ajoute que Vermond fut condamné à payer tous les frais de ce stupide procès, *omnes stultæ litis impensas* Cet historien renvoie à une pièce intitulée : *Arrest du Grand Conseil du* XIV *octobre* 1560 *en faveur du sieur de Monluc*, etc., imprimée à Tournon (1630, in-8°). M. Long (p. 12 de *la Réforme et les guerres de religion en Dauphiné*) donne inexactement à cet arrêt la date du 3 octobre. MM. Haag ont commis une erreur plus grave en avançant que ce fut le parlement de Paris qui condamna le doyen de Valence à l'amende honorable. Enfin, l'abbé Monlezun (*Histoire de la Gascogne*, tome V) mérite plus de reproches encore, lui qui, non content d'amener Félix Vermond devant le parlement de Paris, le fait condamner à la prison et à une forte amende.

(2) « Ceux de Guise, dit l'auteur de l'*Histoire de l'Estat de France* (p. 284), ayans ouy le vent des pratiques de la royne d'Angleterre en Escosse, ils avisèrent qu'il seroit bon d'envoyer en Escosse quelque personnage qui fust aucunement agréable a ceux du pays, afin de trouver moyen par gratieuses parolles et remonstrances de leur faire mettre les armes bas, et departir leurs forces Et pour autant qu'ils cognoissoyent que Monluc, evesque de Valence, favorisoit aucunement ceste doctrine, et estoit assez bien venu en ce pays-là, pour y avoir autrefois demeuré chancelier de la royne douairière, ils luy firent bailler ceste charge avec commandement de passer par l'Angleterre, pour essayer tout ensemble de moyenner quelque bon accord avec la royne dudit pays. Il y passa donc, et fut benignement receu par ladite dame .. » L'auteur ajoute (p. 285) que si Monluc « trouva matière de plaintes contre ceux de Guise de la part de l'Anglois, ce ne fut rien auprès de l'Escosse, laquelle estoit du tout envenimée et forcenée contre eux. » La Popelinière (*l'Histoire de France enrichie des plus notables ocurrances survenues ez provinces de l'Europe*, etc., in-f°, 1581, p. 174, 175) n'a guère fait que reproduire les paroles mêmes du faux Regnier de La Planche.

(3) Voir dans ce même recueil (p. 329) une lettre du cardinal de Lorraine et du duc de Guise à M. de Limoges, du 30 mars 1559 (pour 1560), une lettre non signée écrite au cardinal et à son frère, du 13 mai 1560 (p. 375), et une lettre de François II à l'évêque de Limoges, du 21 mai 1560 (p. 378). On trouvera dans les *Mémoires de Condé* (t. I, p. 533) les *Remonstrances que les sieurs de Valence et de*

mouvement et d'intérêt. Monluc y dit de la reine-régente « qu'elle avoit faulte de santé principallement et de toutes autres choses excepté de grandeur de cuer et de bon entendement; car elle ne s'estonnoit de ces troubles non plus que si elle eust eu toutes les forces du monde (1). » Il reproduit (p. 395) le beau discours qu'il adressa aux seigneurs de la Congrégation. Sans doute l'ambassadeur de François II n'obtint pas de la cour de Londres ce qu'il était chargé de lui demander, mais qui aurait pu, en d'aussi épineuses négociations, se flatter de mieux réussir (2)?

Revenu en France, l'évêque de Valence joua un rôle considérable dans l'assemblée des grands du royaume convoquée à Fontainebleau (3). Comme le membre le plus récemment nommé du conseil, il y porta le premier la parole (4), et le discours qu'il prononça a eu un immense retentissement dans l'histoire. Jean de Monluc n'hésita pas à signaler avec une extrême vivacité de langage une foule d'abus contre lesquels il réclama de prompts et

Seurre ont présentées à la Royne d'Angleterre sur le fait de la proclamation qu'elle a fait publier et imprimer. Consulter encore *les Ecossais en France et les Français en Ecosse*, par M. Francisque-Michel, 1862, t. 2, p. 18. M. Michel renvoie, pour les lettres de créance de l'évêque de Valence (7 mars 1560) et pour quelques autres documents relatifs à l'intervention de Jean de Monluc dans les affaires d'Ecosse, au *Calendar of state Papers* de Thorpe, vol. I, p. 134, 147.

(1) Marie de Lorraine mourut en juin 1560. On sait quel éloge J.-A. de Thou, à cette année-là, a fait de sa grande sagesse et de son génie élevé. Lingard (*Histoire d'Angleterre*, traduite par L. de Wailly, 1844, t. IV, p. 36) déclare qu'elle « expira regrettée des catholiques et des royalistes, et estimée de ses adversaires eux-mêmes, et qu'il ne se trouva que Knox seul qui osât verser le poison de la calomnie sur sa tombe. » Lingard n'a dit que très peu de chose des négociations de Monluc (*ibidem*, p. 34-37). Brantôme s'est occupé de l'expédition d'Ecosse dans la biographie de M. de Martigues (*Couronnels françois*); il y appelle Jean de Monluc « un très grand et habille prélat. »

(2) Voir dans le recueil déjà cité de M. Louis Paris (p. 423) une lettre de Monluc et de son collègue La Rochefoucauld-Randan, tirée du tome 41 de la collection Baluze, et adressée à la reine-mère, lettre dans laquelle les commissaires-députés rejettent sur la nécessité le traité de paix du 6 juillet 1560. « Il falloit, disent-ils, faire une telle quelle paix ou voir perdre devant nos yeux quatre mil hommes et ung royaulme qui n'eust esté jamais recouvert sans la ruyne et désolation de celuy de France. Nous avons choisy des deux partis mauvais celluy qui n'apportoit avecques soy autre mal que perte de parolles. » Comparer avec le récit de Michel de Castelnau, *Mémoires*, l. I, chapitres V et VI.

(3) La première séance eut lieu le 20 août 1560 « après-midy, en la chambre de la reine-mère. » La Popelinière, p. 192.

(4) *Mémoires* de M. de Castelnau, liv. II, chap. VIII.

énergiques remèdes. Il fut appuyé, en ses plaintes comme en ses vœux, par un autre prélat dont la voix n'était ni moins hardie, ni moins éloquente que la sienne, Charles de Marillac, archevêque de Vienne. La convocation d'un concile général, ou du moins d'un concile national, parut indispensable aux deux orateurs (1). L'assemblée tint grand compte de l'opinion des deux évêques, à peu près conforme d'ailleurs à celle du chancelier de l'Hôpital, ainsi qu'à celle de l'amiral de Coligny, et ce fut sous l'entraînante impression de leurs discours qu'il fut décidé qu'en attendant le concile les Etats-Généraux seraient appelés, dans le plus bref délai, à chercher les moyens d'améliorer la lamentable situation du royaume, et que provisoirement toutes les poursuites contre les huguenots seraient abandonnées (2).

En septembre 1561, Jean de Monluc prit part à ce colloque de Poissy qui, au lieu de rapprocher les catholiques et les protestants, comme on l'avait espéré, envenima tous les dissentiments : il s'efforça de faire prévaloir les idées de conciliation dont il était animé, et ce fut lui qui empêcha la trop brusque rupture de l'assemblée, en demandant instamment une nouvelle conférence pour que Théodore de Bèze pût répondre tout à son aise au

(1) L'*Histoire de France* de La Popelinière nous offre la harangue intégrale de l'évêque de Valence (p. 192-199). On la retrouve encore dans le tome I des *Mémoires de Condé* (p. 555-568). Des extraits en ont été donnés par une foule d'historiens. Il y en a une bonne analyse dans le tome X (p. 74-75) de l'*Histoire de France* du P. Daniel. Enfin, elle a été résumée d'une façon piquante par Paolo Sarpi, faisant dire à Monluc qu'il y avait de l'absurdité à attendre l'eau du Tibre pour éteindre le feu que l'on voyait à Paris, tandis qu'on avait celle de la Seine et de la Marne, dont il était si aisé de se servir (*Histoire du concile de Trente*, traduction de P.-F. Le Courayer, in-f°, 1736, t. II, p. 66).

(2) Le P. Maimbourg a très sévèrement jugé l'attitude prise par Monluc au sein de l'assemblée de Fontainebleau : « Ce qu'il y eut de très scandaleux en cette assemblée fut que l'évêque de Valence opina beaucoup plus en prédicant et en ministre qu'en évesque, blasmant extrêmement les mœurs et l'ignorance des ecclésiastiques... A la vérité, l'on ne peut nier que ce Jean de Monluc n'ait esté l'un des hommes de son temps qui avoit le plus d'esprit, de doctrine, d'éloquence et d'habileté, surtout dans les négociations, comme il a paru en quinze ou seize ambassades dont il s'est acquitté avec grand honneur. Mais il faut avouer aussi qu'il s'est tellement emporté, en matière de religion, qu'il a donné lieu de croire durant toute sa vie, ou qu'il n'en avoit aucune, ou du moins qu'il penchoit tout à fait du costé de la nouvelle. » (*Les Histoires* du sieur Maimbourg, cy-devant jésuite, tome X, contenant l'*Histoire du Calvinisme*. In-4°, 1686, p. 129-130.)

cardinal de Lorraine (1). Même après que Théodore de Bèze se fut retiré, le tolérant évêque travailla à l'aplanissement des difficultés qui séparaient les calvinistes des catholiques, et il proposa quelques concessions qui, acceptées, dit-on, par le cardinal de Lorraine, furent repoussées par la majorité des prélats restés à Poissy (2).

C'est à cette époque à peu près que se rapporte ce récit de La Popelinière (p. 256) : « La royne declara son intention estre que le Roy, elle et tous ceux de sa cour ouyssent prescher dans la grand'salle du chasteau (Fontainebleau) l'evesque de Valence... Il (le connétable) fut une seulle fois, et le duc de Guyse aussi, ouyr l'evesque de Valence duquel il dit, qu'il se contentoit de ceste fois, et qu'il n'y retourneroit plus. A quoy l'evesque pour responce luy dit qu'il prioit Dieu que sa parolle peust profiter en tous endroits... » Presque tous les biographes, depuis Moréri jusqu'à l'abbé Monlezun, ont négligé le récit de la Popelinière, et ont, au contraire, complaisamment accueilli une version qui est très pittoresque sans doute, mais qui n'a nulle vraisemblance. La voici telle que la reproduit Le Laboureur (*Additions aux Mémoires de Castelnau*, t. I, p. 427) : « J'ay vu en quelques Mémoires que le connestable Anne de Montmorency, qui estoit assez peu indulgent aux nouveautez, l'ayant un jour surpris chez le Roy avec le

(1) *Histoire du Concile de Trente* de Paolo Sarpi, t. II, p. 108. Monluc fut maltraité au colloque de Poissy dans un discours du cardinal de Lorraine (*Mémoires de Condé*, t. I, p. 50), si toutefois, comme on l'a cru, c'est lui qui est désigné en ce discours sous le titre de : « Un evesque. » Il n'y eut pas au colloque de Poissy, dit Scévole de Sainte-Marthe, parlant de Monluc, prélat qui parût plus docte et plus advisé que lui. (*Eloges des hommes illustres.*)

(2) *Histoire du Concile de Trente*, p. 114. — D'après Sarpi (p. 147), Monluc, sans se laisser décourager par l'insuccès de ses précédentes démarches, chercha, au commencement de l'année suivante, de concert avec l'évêque de Seez et trois autres théologiens, ce que l'on pourrait faire pour ouvrir enfin les voies à un accommodement. Sarpi prétend que cette nouvelle tentative, qui ne fut pas moins inutile que les autres, avait été ordonnée par Catherine de Médicis, mais on sait que cette reine suivait en toutes choses les conseils de Jean de Monluc (J.-A. de Thou, p. 100 du tome IV de la traduction déjà citée). Sarpi a eu raison d'ajouter que ce fut probablement à la persuasion de cet évêque que la reine-mère écrivit au pape, le 4 août 1561 « avec toute la liberté française » une lettre dont Pie IV fut extrêmement ému, et par laquelle elle l'invitait à transiger, sur un certain nombre de points liturgiques, avec les protestants.

chapeau et le court manteau, le regarda d'un œil fier, et dit à ceux de sa suite : Qu'on m'aille arracher cet evesque travesty en ministre, mais il n'eut point d'éloquence preste pour s'excuser et se retira avec une confusion qui se répandit sur tout son auditoire. » Comment a-t-on pu croire que Montmorency ait jamais donné de tels ordres *chez le roy?* On a beau avoir toute l'autorité d'un connétable de France, tout le zèle d'un bon catholique, on a beau être « coutumier de rabrouer tout le monde (1), » on ne profère pas d'aussi brutales paroles contre un personnage placé sous la sauvegarde de la majesté royale (2) !

En 1561 parurent les *Sermons de l'evesque de Valence sur les articles de la foi* (Paris, Vascosan, in-8°), et la *Familiere explication des articles de la foi par l'evesque de Valence. Plus le symbole de Saint-Athanase, avec un brief recueil des lieux de l'Ecriture servans d'explication d'iceux articles* (Paris, Vascosan, in-8°; Lyon, Regnoult, in-8°). D'après l'ambassadeur d'Espagne Chantonay, Monluc aurait, vers cette époque, présenté au roi un livre dans lequel furent signalées plusieurs propositions hérétiques (*Mémoires de Condé*, t. 2, p. 5). Un autre ambassadeur, cité par Le Laboureur (*Additions aux Mémoires de Castelnau*, t. I, p. 440), nous apprend que ce livre était fort gros, et que Monluc s'expliquait dans cet ouvrage sur tous les points contestés aussi clairement que s'il eût été en pleine Genève. Il paraît, du reste, que l'évêque de Valence avait pris la précaution de ne pas

(1) Mots adressés par Mlle de Limeuil au connétable (Brantôme, *Grands capitaines*). Brantôme n'aurait pas manqué de rapporter, dans sa notice sur Anne de Montmorency, l'anecdote que je rejette, lui qui a cité tant d'autres traits d'intolérance du rude connétable.

(2) Le P. Griffet, moins judicieux que d'habitude, adopte l'historiette dont Le Laboureur ne nous a pas indiqué l'origine. Il cite, d'après les *Mémoires de Condé* (t. II, p. 4), une dépêche de Chantonay, ambassadeur d'Espagne en France, accusant Jean de Monluc d'avoir, dans des sermons prononcés devant la cour, montré, au grand scandale de toute l'assistance, plus de venin que de savoir, ajoutant que ces sermons, pleins d'une infinité de rêveries, n'avaient ni tête ni queue. Cet ambassadeur est le seul des contemporains de l'évêque de Valence qui, ayant à l'apprécier comme orateur, n'a pas rendu hommage à son éloquence. Mécontent du fond, il jugeait probablement la forme à travers ses préventions.

mettre son nom en tête du volume, qui est depuis longtemps inconnu.

Paolo Sarpi s'est trompé quand il a cru que Jean de Monluc avait pris part aux débats du Concile de Trente (1). Son traducteur Le Courayer a constaté (t. I, p. 380), d'après les listes du Concile, que l'évêque de Valence n'accompagna point à cette grande assemblée le cardinal de Lorraine. Ce qui a induit en erreur Fra Paolo, observe-t-il, c'est que Visconti, dans une lettre du 6 décembre, annonce que le franciscain Jacques Hugonis, docteur de Sorbonne, lui avait déclaré qu'on attendait à Trente Jean de Monluc qui y était envoyé par Catherine de Médicis. Mais, ajoute Le Courayer, ce projet resta sans exécution, et Monluc ne quitta pas la France. Le septième des documents inédits que l'on trouvera à la suite de ces notes me permet de rectifier et de compléter les observations de l'ancien bibliothécaire de l'abbaye de Sainte-Geneviève. Des *Lettres de relief d'appel comme d'abus* obtenues par l'évêque de Valence, le 2 juillet 1567, il résulte que Jean de Monluc se serait acheminé vers la ville de Trente, par les ordres du roi, mais qu'arrivé à Turin il aurait appris que le pape Pie IV lui faisait défendre de se rendre au Concile, et le sommait, au contraire, de se présenter à Rome devant le tribunal de l'Inquisition (2). Ce document nous apprend encore que Monluc ne crut pas devoir accepter cette désagréable invitation, et qu'il revint sur ses pas pour faire connaître au roi les incidents qui lui avaient barré la route. Malgré l'absence de l'accusé, une procédure fut faite contre lui en même temps que contre quelques

(1) Sarpi s'est encore trompé en envoyant (tome I, p. 510) Jean de Monluc à la cour de Rome, et en disant au même endroit qu'il était nommé archevêque de Bordeaux (1551, faute d'impression pour 1561). L'abbé Hugues du Tems (*Clergé de France*, tome 2, p. 225) explique ainsi cette dernière erreur : « Il est vrai que le cardinal du Bellay se démit du siége de Bordeaux en faveur de Jean de Monluc, mais cette espèce de résignation n'eut point son effet. »

(2) François Beaucaire de Peguilon, évêque de Metz, était bien mal informé, quand il assurait, dans ses *Rerum Gallicarum Commentaria*, l. XXVIII, que l'évêque de Valence, à cause de ses tendances calvinistes, n'osa assister avec les autres évêques français au Concile de Trente.

autres prélats français (1). Déclaré hérétique, par sentence de l'Inquisition, il fut condamné comme tel à voir confisquer tous ses biens. Certains apologistes ont cherché à soutenir que l'évêque de Valence ne fut frappé d'aucune condamnation à Rome (2). Mais que deviennent ces dénégations devant un document aussi authentique et aussi formel que celui sur lequel je m'appuie, et qui probablement a été rédigé sous la dictée de Jean de Monluc lui-même ? Ce qui est vrai, c'est que la sentence de l'Inquisition, pour Monluc comme pour ses collègues, resta toujours à l'état de lettre morte (3).

Jean de Monluc, depuis son retour de Turin jusqu'à l'époque de son départ pour la Pologne, ne semble point avoir quitté la

(1) Sarpi (tome I, p. 466) dit (à l'année 1563) que les cardinaux inquisiteurs citèrent par édit Jean de Monluc, Odet de Coligny, cardinal de Châtillon, Jean de Saint-Chamond, archevêque d'Aix, Jean de Barbanson, évêque de Pamiers, à comparaître personnellement à Rome pour s'y purger de l'imputation d'hérésie. Le Courayer ajoute que l'on cita encore Louis d'Albret, évêque de Lescar, Claude Regni, évêque d'Oleron, Jean de Saint-Gelais, évêque d'Uzez, et François de Noailles, évêque de Dax. Dans la sentence publiée à Rome, le 22 octobre 1563, et que rapporte Rainaldi, on ne trouve, selon la remarque de Le Courayer, ni le nom de François de Noailles, ni celui de Jean de Barbanson.

(2) Notamment, Jean Columbi, qui a si bien fait d'appeler son apologie *Liber singularis*. Les Pères Augustin et Aloïs de Backer (*Bibliothèque des écrivains de la Compagnie de Jésus*, tome I, 1853) en citent une édition dont le titre semblera bien audacieux à ceux qui auront lu la protestation de Jean de Monluc : *Liber singularis, quod Pius quartus non damnaverit hæreseos Romæ Joannem Monlucium Valentinum et Diensem episcopum, neque Pius quintus, damnationem ejus à Pio quarto Romæ, promulgari curaverit in Gallia* (Lyon, 1651, in-4°). Je ne ne veux pas douter de la bonne foi de l'apologiste, mais il me sera permis de dire que, dans toute sa dissertation, il prouve qu'il avait plus que personne le droit de prendre pour devise ces mots qui brillent en tête de l'édition de 1640, la seule que je connaisse : *Amor et candor*, charité et candeur. La candeur, le bon religieux la poussa si loin qu'il alla jusqu'à soutenir, en ses *Opuscula varia* (1668, in-f°), que l'apparition du chanoine qui, d'après la légende, causa la retraite de saint Bruno, fut une apparition réelle. Les Pères de Backer trouvent étonnant que Columbi ait voulu ressusciter. . cette vieille fable, dont le savant Jacques Sirmond avait, disent-ils, si bien démontré la supposition et l'absurdité. Du nom de Sirmond, les Pères de Backer auraient pu rapprocher ceux de Mabillon et de Launoy.

(3) Sarpi prétend (t. 2, p. 626-627), que le roi écrivit à Henri Clutin, seigneur d'Oysel, son ambassadeur à Rome, de faire des représentations au pape au sujet de la condamnation des évêques français, et que l'ambassadeur obtint qu'aucune suite ne serait donnée à cette affaire. Il est probable qu'en 1567 de nouvelles remontrances faites particulièrement en faveur de Jean de Monluc ne furent pas moins efficaces auprès du successeur de Paul IV.

France. Les *Mémoires de Condé* et l'*Histoire universelle* du président de Thou nous le montrent tout occupé de la politique intérieure (1), parlant et agissant beaucoup, et servant avec une incomparable adresse la cause de Catherine de Médicis, cause qui, quoi qu'on en ait dit, et comme le démontrera admirablement la publication de l'immense correspondance de cette princesse, était bien la cause même de la France (2).

L'*Histoire générale du Languedoc* (édition du Mége, t. IX, p. 26-28), signale ainsi la présence de Jean de Monluc dans nos contrées méridionales (1566) : « Jean de Nogaret, sieur de la Valette, envoyé à Pamiers pour pacifier cette ville, fit des propositions qui furent acceptées, par l'entremise d'Odet de Foix, comte de Carmaing, et de Jean de Monluc, évêque de Valence, que le roi avait envoyé à Toulouse pour ses affaires... Le vicomte de Joyeuse, dans sa lettre au Roi du 29 d'août de l'an 1566, lui rend compte d'une querelle qui s'était élevée à Toulouse, quelque temps auparavant, entre les Espagnols et les Français étudiants dans l'Université de cette ville. Il est fait mention de la même querelle dans un mé-

(1) François de La Noue (*Mémoires*, édition Michaud et Poujoulat, p. 594) nous le montre envoyé par la reine-mère vers le prince de Condé pour le disposer à la paix (1562). L'honnête huguenot l'appelle « un personnage excellent en doctrine et éloquence. » Il ajoute qu'il « amadoua si bien de beau langage » le prince de Condé, qu'il le décida à se rendre, à moitié rallié, auprès de Catherine de Médicis. Les événements furent plus forts que les bonnes résolutions de Condé.

(2) Voir, dans les *Mémoires de Condé*, outre diverses pièces plus ou moins douteuses attribuées à ce prélat (t. 2, p. 560; t. 3, p. 159 et p. 395), l'*Avis de M. l'evesque de Valence lorsque le roi fit opiner MM. de son conseil en présence des députés du parlement de Paris, pour faire remontrance à Sa Majesté des causes pour lesquelles ils n'avoient voulu publier son édit sur la majorité* (t. IV, p. 582). Echard dit que cette harangue avait été publiée à Paris, in-4°, l'année même où elle fut prononcée (1563). Elle a été recueillie aussi dans l'*Histoire de France* de la Popelinière. Le président de Thou (t. V, p. 336) assure que l'édit du roi sur la succession des mères fut accordé aux instances de Jean de Monluc qui appréhendait que, si le seul enfant qui restait de Pierre Bertrand de Monluc venait à mourir, la veuve (Marguerite de Caupène) n'emportât tous les biens de la maison de Monluc dans une autre maison, au préjudice des autres enfants ou petits-enfants de Blaise. Jean de Monluc devait d'autant plus tenir à l'abolition de la coutume en vertu de laquelle les mères héritaient de la totalité des biens de leurs enfants en Guyenne, Languedoc, Provence et Dauphiné, que Pierre Bertrand de Monluc, dit le capitaine Peirot, avait été, selon de Thou, institué par lui son héritier universel.

moire (aux *Preuves*) que Jean de Monluc, évêque de Valence, qui était alors à Toulouse, envoya le 20 juillet à la cour. Il paraît par ce mémoire que les capitouls et le menu peuple, par zèle pour la religion, favorisaient les Espagnols, qui se vantaient d'être soutenus par le roi d'Espagne, ce qui fit qu'on donna des soupçons au roi sur ces liaisons. L'évêque de Valence rend compte au roi dans le même mémoire de ce que Rambouillet avait fait auprès du parlement, et d'une nouvelle sédition qui était arrivée le jour de l'Ascension à Grenade sur la Garonne, où on avait été sur le point de voir un plus grand massacre qu'à Pamiers. Il lui rend compte aussi de ce qu'il avait fait pour la recherche du domaine royal; car ce prélat était allé pour cela à Toulouse. Il écrivit encore (registre 12 des lettres originales, Manuscrit de Coislin) au roi et à la reine-mère sur ce dernier article, le 22 de juillet. Il leur mande qu'il avait réussi à augmenter considérablement les revenus du domaine des sénéchaussées de Toulouse, Carcassonne et Querci, par le rehaussement des baux à ferme. Je loue Dieu, dit-il à la reine-mère, que, pour mon apprentissage, il m'ait fait la grâce de bien et heureusement vous servir en chose où je n'entends rien, comme il appert en mes affaires. Il demande ensuite un congé de cinq à six mois *pour reposer la bourse, le corps et l'esprit, étant las d'être apellé Monsieur le Commissaire*. Il répond aux bruits désavantageux sur sa conduite, que ses ennemis avaient répandus à la cour, et fait valoir avec emphase l'importance de ses services, prétendant que s'il n'eût pas été à Toulouse, depuis trois mois qu'il y était, il fut advenu tel inconvénient, non pas seulement en cette ville, mais en beaucoup d'autres lieux circonvoisins, que les plus habiles eussent été bien empeschés d'y remédier. Il ajoute que, sans la présence du duc de Joyeuse, il y eût eu un massacre de trois à quatre mille personnes, et qu'il eût été à propos de joindre à Rambouillet un maître des requêtes, avec l'autorité d'informer.... »

J'ai publié dans le tome VII des *Archives historiques du département de la Gironde* (p. 175) deux courtes lettres adressées, en

1566, par Jean de Monluc, à Nicolas le Beauclerc, receveur-général de Bordeaux (1). Ces lettres, tirées toutes les deux du tome 341 de la collection Gaignières, et relatives à la recherche des droits du domaine, nous apprennent que, malgré ses réclamations, l'évêque de Valence avait dû se résigner à s'entendre quelque temps encore appeler *Monsieur le Commissaire*, car la première, au sujet de l'inféodation du communal de Lizac, est datée de Castel-Sarrazin, le 4 septembre, et la seconde, au sujet de l'inféodation d'un quart de journal de terre situé près de la ville de Sauveterre, paroisse de Saint-Romain en Bazadois, est datée de Bordeaux, le 5 octobre.

Deux ans plus tard, nous retrouvons Jean de Monluc à Limoges d'où il adressa au roi Charles IX cette lettre, du 2 décembre 1568, si noble et si courageuse, que j'ai été si heureux de mettre en lumière (*Quelques pages inédites de Blaise de Monluc*, à l'*Appendice*). On n'a jamais caractérisé avec plus d'énergique indignation les excès des soudards. «... Le serment que j'ay faict pour la sincerité et la fidelité que je doibs à vostre service me contrainct de vous dire que les Turcs ni les Moscovites ne seauraient faire pis que font party de ce qu'on appelle en ce temps icy gens de guerre... Je suis passé en des lieux où les gens de pied ont laissé des marques villaines et detestables et qui attireront, s'y vous n'y pourvoiez, l'ire de Dieu sur votre royaume...» Il y a dans cette lettre, autant de pitié pour le «pauvre homme» que l'on mange «jusques aux os sans aucune discrétion,» et auquel on n'enlève pas seulement son bœuf, sa vache et sa jument, mais encore sa femme et sa fille, que de généreuse colère contre les auteurs impunis de ces attentats. Monluc a mérité, comme homme d'église, de nombreux et graves reproches, mais ici il se relève singulièrement, et son langage est tout à fait celui d'un grand évêque.

Un passage de la *Chronique bourdeloise* (continuation de Jean

(1) Blaise de Monluc l'appelle Beauclère dans ses *Commentaires* (t. 2, p. 215) Voir, à cette page, sur ce trésorier, une bonne note de M. de Ruble.

Darnal, p. 79) nous montre, quelques mois après, Jean de Monluc chargé, à Bordeaux, de faire entrer le plus d'argent possible dans la caisse de l'Etat : « Au mois de juin mil cinq cens soixante neuf, l'evesque de Valence, intendant des finances de France, estant à Bourdeaux de la part du Roy, fut faite une assemblée dans l'hôtel de ville, assistants les présidents Roffignac et de Laferrière, avec deux conseillers de la cour, et fut faite offre audit sieur de Valence de certaines sommes pour parvenir à l'extinction des subsides, la continuation desquels on apprehendoit, ores que ce ne fut que cinq sols pour tonneau de vin : l'offre fut de cent mil livres pour estre levées pendant quatre années sur toute la Province. Le général Grosseterie estoit en ladite assemblée. Ledit sieur evesque fut conduit à Potensac dans un bateau tapissé, que la ville luy avoit appresté. »

Au commencement de l'année suivante, Jean de Monluc est encore à Bordeaux, comme nous l'apprend un document tiré des *Mélanges de Clerambault* et que l'on trouvera ci-après (n° VIII). Là l'évêque de Valence, de concert avec Louis de Saint-Gelais, seigneur de Lanssac, et Antoine Escalin, seigneur et baron de Lagarde, général des galères et armées de mer du roi, donne l'ordre de compter une certaine somme au trésorier de la marine. Dans un autre document (lettre adressée de Condom, le 22 octobre 1570, à Charles IX, n° IX), Jean de Monluc se plaint de toute la peine et de tous les ennuis qu'il lui a fallu subir depuis deux ans complets qu'il est par deça et qui lui ont paru longs comme douze années ordinaires, et il ne néglige pas l'occasion d'appeler l'attention du roi sur les importants services qu'il a pu lui rendre en de récentes circonstances. Probablement le roi fut bien aise qu'il lui donnât dans le même pays de nouvelles preuves de son habile dévouement, car nous voyons Jean de Monluc prolonger son séjour en Guyenne jusqu'en 1572 (1).

(1) On verra dans les *Lettres*, dit M. de Ruble (p. XXI de l'*Introduction aux Commentaires*), que les deux frères vivaient ensemble de 1570 à 1572, c'est-à-dire pendant les années où Monluc dictait ses mémoires. Jean de Monluc remplissait auprès

Un violent débat s'engagea, en 1570, à Bordeaux, entre l'archevêque Antoine Prévost de Sansac et l'évêque de Valence. L'affaire fut portée devant le parlement, qui était hostile à l'archevêque. Les biographes de Jean de Monluc n'ont rien dit de cet orageux épisode de sa vie. Les historiens de Bordeaux, en général, n'en ont point parlé davantage, et, seul, Dom Devienne nous en entretient ainsi (p. 163, 164) : « Il y avait alors dans l'église de Saint-Michel un prédicateur, appelé La Godine, jadis cordelier, esprit vif et intriguant, qui, par un zèle mal entendu, tenait des discours imprudents contre les religionnaires. Comme ses propos tendaient à exciter une sédition, d'autant que le peuple paraissait fort attaché à ce prédicateur et se plaisait à l'entendre, il fut déféré au Parlement. L'archevêque fut invité faire retirer La Godine de Saint-Michel. Il le promit, mais La Godine ne changea pas de conduite... Le Parlement s'assembla, le 6 février 1570, et il y eut de grandes discussions touchant cette affaire entre l'évêque de Valence, le procureur général (1) et l'archevêque, qui prit hautement le parti de son prédicateur. Le Parlement ordonna que l'arrêt rendu le 20 décembre (1569) contre La Godine, portant interdiction à lui de prêcher, serait réellement et de fait exécuté. La Godine ne tint aucun compte de cet arrêt. Le Parlement écrivit au roi pour l'informer de cette affaire. Le roi confirma les arrêts du parlement, et lui écrivit, ainsi qu'à l'archevêque et au gouverneur (2) de chasser La Godine de la ville, sinon qu'il l'en-

de son frère, ajoute M. de Ruble (note de la page 5), les fonctions de Commissaire-receveur. — Les archives municipales de Bordeaux possèdent une lettre écrite par Jean de Monluc, le 7 août 1570, aux jurats de cette ville. J'aurais bien voulu l'insérer ici, mais cela ne m'a pas été permis, une commission étant chargée de publier tous les documents importants qui ont échappé au déplorable incendie du 3 juin 1862, et se réservant le plaisir de les publier dans toute leur fraîcheur. Puisse-t-elle ne pas trop nous les faire attendre!

(1) Jean de Lahet, successeur d'Antoine de Lescure et prédécesseur de Romain de Mulet.

(2) Charles de Montferrand qui ne fut point étranger au massacre des huguenots fait à Bordeaux le 3 octobre 1572, et qui mourut en 1574 d'un coup d'arquebuse au siége de Gensac. J'ai retrouvé plusieurs lettres de ce gouverneur et maire de Bordeaux : on les lira dans les prochains volumes des *Archives historiques du département de la Gironde.*

verrait chercher pieds et poings liés. Ainsi se termina cette affaire. »

Pour plus de détails sur tout ceci, on peut consulter une lettre du parlement de Bordeaux à la reine-mère, du 18 avril 1570, dans le tome III (p. 197), des *Archives historiques du département de la Gironde*, une requête de l'archevêque au parlement de Bordeaux, dans le tome VII (p. 176) du même recueil (1), et surtout une réponse très développée faite par l'évêque de Valence, le 12 avril 1570, à la requête susdite, réponse reproduite un peu plus loin sous le nº X. Cette dernière pièce, où l'on regrette de trouver tant de passion et d'acrimonie, est, du reste, bien précieuse pour la biographie de Jean de Monluc; car, répondant aux paroles accusatrices de son adversaire, il nous fournit quelques éclaircissements sur l'évêque et sur l'homme politique. C'est là un mémoire apologétique auquel rien ne manque de ce qui peut donner un grand intérêt à un document. Nul ne s'en est encore servi; nulle autre part, Jean de Monluc n'a parlé de lui-même avec autant d'abondance; enfin, dans aucun de ses autres écrits n'éclate une aussi spirituelle vivacité de langage. Je puis donc en toute assurance présenter la réponse à la requête d'Antoine Prévost de Sansac comme la pièce à la fois la plus importante et la plus piquante de toutes celles qu'il m'a été donné de réunir ici.

(1) Aux invectives de Jean de Monluc j'opposerai cet éloge de Jean Darnal (*Chronique bourdeloise*, p. 104) : « Ce bon archevesque estoit grandement aymé du peuple, et de tous les gens d'honneur : aussi il avait toujours tenu bon à tous les orages de la guerre, contribué sa peine et ses moyens pour conserver la ville soubs l'obeyssance du Roy. Estoit du plus affable naturel qu'on aye veu, grand aumosnier, ne faisant aucune réserve : les malades de la ville envoyoient ordinairement querir de son pain, pour se remettre en appetit, à l'Archevesché. Il en faisoit donner avec telle franchise qu'il estoit admiré : il fut pleuré et regretté autant que jamais prélat fut Car il ne fut jamais hay de personne, ny ne refusa de faire plaisir, lorsqu'il en avoi le moyen. » J'observerai que dans une lettre (encore inédite) du 21 mai 1591, le maire et les jurats de Bordeaux se plaignent fort de Prévost de Sansac, qui avait refusé de chanter le *Te Deum* au sujet de la prise de Chartres. Les rancunes municipales ne survécurent pas à la mort de l'Archevêque, car les jurats assistérent à ses funérailles avec leurs robes et chaperons de livrée, au son de la grande cloche de la maison de ville, et ils enjoignirent à tous artisans de fermer leurs boutiques ce jour-là (30 octobre 1591).

Sur ces entrefaites, on apprit en France que Sigismond-Auguste, roi de Pologne, qui n'avait point d'enfants, était en proie à une maladie qui ne laissait aucun espoir de le sauver. Jean de Monluc conseilla à Catherine de Médicis de faire asseoir le duc d'Anjou sur le trône qui allait être vacant. Il fut décidé que, avant même la mort de Sigismond, on enverrait d'habiles gens en Pologne pour préparer les voies au négociateur qui serait chargé de faire triompher la candidature du frère de Charles IX. Jean de Monluc avait un fils naturel qui étudiait à l'Université de Padoue (1). Ce jeune homme, muni des plus amples instructions de son père, et cachant sa mission sous le prétexte d'un voyage destiné à compléter son éducation, se rendit d'abord à la cour de l'Empereur, qui était soupçonné d'ambitionner la succession de Sigismond pour le prince Ernest, son second fils, et de Vienne il passa en Pologne, où il visita les personnages les plus influents, et disposa de son mieux les esprits en faveur du prétendant Français. Parmi ceux qui l'accompagnaient et qui l'aidèrent le plus dans son œuvre de propagande, se trouvait Jean Choisnin, secrétaire de Jean de Monluc, qui nous a laissé un si intéressant *discours au vray de tout ce qui s'est faict et passé pour l'entiere negociation de l'election du roy de Polongne* (2).

(1) Jean de Monluc, seigneur de Balagni, auquel on donne pour mère une certaine Anne Martin. Balagni, plus tard gouverneur de Cambrai et maréchal de France, joua un triste rôle sous le règne de Henri IV. Toute la vaillante et patriotique énergie dont le neveu de Blaise de Monluc aurait dû être animé sembla avoir passé dans l'âme héroïque de sa femme, Renée de Clermont, la sœur du brave Bussy-d'Amboise. Ce fut elle qui, une pique à la main, s'efforça d'exciter les habitants de Cambrai à repousser les Espagnols, et qui, quand elle vit que toute résistance était devenue impossible, mourut de honte et de douleur. Scipion du Pleix en parle ainsi (*Histoire de France*, t. v, p. 181) : « La dame de Balagni, qui avait un cœur mâle et digne d'un empire, fut atteinte d'un si poignant crève-cœur et regret dans ce départ qu'elle en rendit l'âme à Dieu... Son corps fut emporté hors de la ville dans un chariot couvert de drap noir. » Voir encore sur cette magnanime femme d'Aubigné, *Histoire universelle*, t. III, p. 361, Brantôme, *Des Dames*, 8e discours, édition du *Panthéon littéraire*, t. II, p. 453, et Saint-Simon, *Mémoires*, édition Chéruel, t. VII, page 159.

(2) Cette relation figure, sous le titre de *Mémoires de Jean Choisnin*, dans toutes nos collections de mémoires relatifs à l'histoire de France. Elle parut pour la première fois à Paris, chez Nicolas Chesneau, 1574, in-8°. Quelques critiques ont pensé

Dès que la nouvelle de la mort de Sigismond fut parvenue en France (18 juillet 1572), Jean de Monluc reçut l'ordre de partir pour la Pologne. Il avait d'abord refusé d'entreprendre un aussi pénible voyage, alléguant son âge déjà avancé et sa santé chancelante : il consentait seulement à conduire de loin la négociation. Mais Catherine de Médicis insista tellement pour qu'il allât essayer sur les Polonais le don de séduction qui lui était particulier, que sa résistance ne fut pas de longue durée (1). L'évêque de Valence quitta Paris le 17 août, la veille du jour où fut célébré le mariage de Henri de Navarre avec Marguerite de Valois. A peine était-il arrivé à Saint-Dizier, qu'il tomba malade (de la dyssenterie, selon de Thou), et fut obligé de s'aliter. Pendant cette halte, il reçut la nouvelle du massacre de la Saint-Barthélemy. Comprenant tout ce que ce crime imprévu ajouterait de difficultés à sa mission, il se hâta, quoique sa santé ne fût point raffermie, de se remettre en route, afin de devancer en Pologne le bruit d'un aussi déplorable événement. Mais il fut, comme suspect, arrêté à Saint-Mihiel en Lorraine, et emmené à Verdun, où on le tint en prison jusqu'à ce que des lettres du roi apportassent l'ordre de le mettre en liberté (2).

A Strasbourg, Jean de Monluc ne trouva point les compagnons de voyage auxquels il y avait donné rendez-vous : la Saint-Barthélemy en fut cause. Aucun d'eux n'avait pensé, dans son effroi, que

que c'était Jean de Monluc lui-même qui avait rédigé le *Discours au vray*. (Voir Barbier, citant le docte B. de la Monnoye, *Dictionnaire des ouvrages anonymes et pseudonymes*, t. IV, n° 22,329.) S'il n'en a pas été ainsi, on peut du moins admettre que ce discours a été composé sous sa direction. Echard indiquait, parmi les manuscrits Colbert, un volume intitulé : *Prières pour Monsieur de Monluc, évêque de Valence et Die, écrites par Jehan Choisnin, son secrétaire, en l'an* 1571. Ce recueil, très remarquable au point de vue calligraphique, fait aujourd'hui partie des manuscrits de la Bibliothèque impériale.

(1) Catherine, d'après Choisnin, rappelait que Jean de Monluc « avoit esté autrefois en Pologne fort bien veu et bien receu, » et elle mettait encore en avant cette autre raison qu'il « avoit esté si heureux, qu'il n'avoit jamais entreprins chose par commandement des prédécesseurs Roys qu'il n'en fust venu à bout. »

(2) Voir, sous le n° XI, une lettre adressée par Jean de Monluc, de la prison de Verdun, à Catherine de Médicis, le 1er septembre 1572. M. de Noailles a publié quelques lignes de cette lettre (note 2 de la page 98 du tome I) d'après une copie de la collection Fontanieu.

l'évêque de Valence se fût mis en route. Son neveu lui-même, Charles de Leberon, fils de François de Gelas, seigneur de Leberon, et d'Anne de Monluc (1), n'avait pas osé rester fidèle à l'engagement pris, et il avait, en outre, décidé Joseph Scaliger à rebrousser chemin, comme le prouve la lettre suivante de Jean de Monluc, écrite de Lyon le 11 septembre 1574, et que j'extrais des *Epistres françoises des personnages illustres et doctes à M. Joseph Juste de La Scala* (1624, p. 63) (2): « Monsieur de Lescale, le sire Henry Estienne que je vis à Francfort à mon voyage de Pologne (3) ne vous aura pas celé, comme je croy, le regret que j'avois que je ne fusse venu à temps pour vous trouver à Strasbourg, et rejectois toute la faulte sur ce que j'avois esté retenu prisonnier à Verdun, et sur la timidité et précipitation de l'abbé de Saint-Ruffy (4) qui vous avoit contrainct de vous en retourner, ainsi que bien amplement m'avoit faict entendre M. Sturme (5), qui me donna

(1) Plus tard évêque de Valence. Ce fut lui qui, en 1638, fit élever dans la cathédrale de Toulouse un tombeau au frère de sa mère, comme nous l'apprend l'inscription suivante : « Tanti autem viri reliquias jacentes sub rudi lapide honore debito carere diutius non tulit pietas illustrissimi Caroli Jacobi Leberon, Valenciensis quoque et Diensis episcopi et comitis, ex sorore abnepotis, æternæ que illi memoriæ erigendum hoc monumentum curavit. R. I. P. Anno Domini MDCXXXVIII. »

(2) On trouve dans ce curieux recueil (p. 13) une lettre de Charles de Leberon, évêque de Valence, écrite de Venise le 20 mars 1601. Je n'ai pas songé à citer dans mon *Essai sur la vie et les ouvrages de Florimond de Raymond* une lettre de Robert Balfour, écrite de Bordeaux le 18 mai 1595 (p. 10) et deux lettres de P. Le Double écrites d'Agen le 17 février 1604 et le 28 mars 1607 (p. 238 du t. I, et p. 34 du t. III).

(3) M. A. Firmin Didot, dans un excellent article sur Henri Estienne (*Nouvelle biographie générale*, tome XVI, p. 534) nous dit qu'en 1574, l'éminent imprimeur publia un petit écrit intitulé *Francofordiense Emporium*, dans lequel il signale le bon accueil qu'il a reçu en Allemagne et les services que ce pays rend aux lettres, particulièrement par l'établissement de la foire de Francfort, où de tout l'univers on vient acheter des livres et mille objets divers.

(4) C'est évidemment là une faute d'impression. Le P. Griffet a donné au neveu de J. de Monluc le titre d'abbé de Saint-Ruf.

(5) Jean Sturm, le fondateur et le recteur de l'Académie de Strasbourg, un des plus doctes humanistes de l'Allemagne. Voir, dans la *Bibliothèque de l'Ecole de Chartes* (tome V de la 3e série, 1853, p. 360), un très intéressant article de M. Rodolphe Dareste : *François Hotman et la conjuration d'Amboise*. Là, M. Dareste a publié deux importantes lettres inédites de Sturm à Fr. Hotman et à Jean de Monluc. On sait que Fr. Hotman, à l'invitation de Monluc, alla professer le droit à Valence, et releva bientôt, tant son enseignement fut brillant, la vieille réputation de cette université. De Thou déclare inexactement que Monluc tira de Lausanne l'auteur de *Franco-Gallia*

telle assurance de vostre bonne volonté que je vous en suis et seray toujours obligé. Et pour recognoissance je vous diray chose que je vous prie la vouloir tenir pour certaine, que vous pouvez faire estat de moy aultant que vous pourriez faire de messieurs de la Roche-Pozay ou de monsieur Cujas, vos grands et singuliers amis, et quand je dirois quelque chose davantage, ce ne seroit point sans raison, parce que vous m'estes plus voisin qu'aulx aultres, et pour la bonne et entière amitié qu'il y a eu entre vostre père et ceux de ma maison. Je vous prie doncques, monsieur, vous asseurer que je n'oublieray jamais ce que vous avez fait pour moy, et que je m'en revancheray en tous les endroits où vous me vouldrez employer... (1).»

A Francfort, dit le P. Griffet qui a très bien retracé, d'après Choisnin et d'après de Thou, le récit du voyage de Pologne, « Jean de Monluc fut encore arrêté par des officiers allemands qui avaient servi dans les troupes huguenotes, et qui se plaignaient qu'on ne leur avait pas payé ce qui leur était dû. Il vint cependant à bout de se tirer de leurs mains, et malgré les ravages que la peste faisait alors en Pologne, il y arriva sur la fin du mois d'octobre. Il commença par répandre un écrit pour détruire les fâcheuses impressions que le massacre de la Saint-Barthélemy et les plaintes des protestants avaient pu donner sur le caractère du duc d'Anjou (2). Il

pour l'établir à Valence. Il y avait longtemps (plus de quinze ans) que le grand jurisconsulte avait quitté Lausanne, quand il vint en Dauphiné.

(1) De Thou (t. VI, p. 450) dit au sujet de Joseph Scaliger, « très illustre fils d'un » des plus illustres et des plus savants hommes de ce siècle : Monluc, qui connais- » sait sa vaste érudition, se flattait qu'un homme de ce mérite lui ferait honneur, et » lui serait d'une très grande utilité. » Il ajoute que Scaliger, à la sinistre nouvelle de la Saint-Barthélemy, quitta Valence, et se réfugia à Genève. Paul Colomiez s'est trompé quand il a cru, dans ses notes sur le *Scaligerana*, que Joseph avait voulu parler de l'évêque de Valence en ce passage : « Monsieur de Monluc, meschant contre ceux de la religion, estoit éloquent en gascon, et haranguoit magnifiquement comme un Cicéron. » Il est clair, comme M. Léonce Couture l'a déjà remarqué (*Bulletin d'Auch*, t. III, p. 79, note 1), que ceci ne peut s'appliquer qu'à Blaise de Monluc.

(2) *Joannis Monlucii, episcopi Valentini, defensio pro illustrissimo Andium duce, adversus calumnias quorumdam*. 1573, in-8°. Cet opuscule parut, en 1575, à Paris, en français, petit in-8°, sous ce titre : *Défense de Jean de Monluc, évêque de Valence, ambassadeur du roi de France, pour maintenir le très illustre duc d'Anjou contre les calomnies de quelques malveillants, à la noblesse de Pologne*. Le

chercha plutôt, dit M. de Thou, à excuser le fait, qu'à se justifier. Il s'étendit fort au long sur les excès horribles que les protestants avaient commis eux-mêmes pendant le cours des guerres civiles (1). Il soutint que le roi n'avait eu d'abord d'autre dessein que de se saisir de l'amiral et des principaux chefs du parti; mais que le duc de Guise et le peuple de Paris, transportés par une aveugle fureur, avaient été au-delà des ordres et des intentions du Roi, qui s'était trouvé comme forcé d'avouer le massacre lorsqu'il n'y avait plus de remède. Mais il nia que le duc d'Anjou eût aucune part à à tout ce qui s'était passé, et assura qu'il avait refusé d'assister aux conseils qui s'étaient tenus dans ces funestes circonstances (2).

» Deux ans après, les protestants publièrent une réponse à cet écrit, dans laquelle l'évêque de Valence était extrêmement maltraité (3). Le fameux Cujas, qui était fort ami de l'évêque, se

Manuel du Libraire abrége les titres de l'ouvrage latin et de l'ouvrage français, titres que je cite d'après la *Bibliothèque historique de la France* (nº 18146). Une autre édition en français de l'apologie du duc d'Anjou a paru dans les *Mémoires de l'Estat de France sous Charles Neufiesme*, 1578, t. II, p. 61. — Voir, sous le nº XII, une lettre de Jean de Monluc à M. Bruslart, du 20 novembre 1572, dans laquelle l'ambassadeur se plaint « de l'exécution qui a été faicte, » et qui lui semble devoir faire échouer toutes les négociations. La douloureuse surprise que la nouvelle de la Saint-Barthélemy causa au principal conseiller de Catherine de Médicis serait, s'il en était besoin, un bien puissant argument de plus en faveur de l'opinion qui nie toute préméditation.

(1) Jean de Monluc cite surtout, au nombre de ces excès, les cruautés exercées contre le baron de Fumel, cruautés dont Blaise de Monluc tira si terrible vengeance. (*Commentaires*, tome II, p. 344 et 367, 368, 369.)

(2) Malgré la tentative de Jean de Monluc, le duc d'Anjou est resté pour la plupart des historiens soit catholiques, soit protestants, soit nationaux, soit étrangers, le véritable auteur de la Saint-Barthélemy.

(3) Ce fut le jurisconsulte protestant Hugues Doneau qui, sous le pseudonyme de Zacharias Furnesterus, réfuta le discours de Monluc : *Defensio pro justo et innocente tot millium animarum sanguine in Gallia effuso*, 1574. Cette violente réfutation a été traduite en français (*Mémoires de l'Estat de France*, t. II, p. 70). Jean de Monluc en parle dans la lettre à Joseph Scaliger dont je viens de citer les premières lignes : « J'adjousteray un mot, que je désire vous preniez en bonne part : c'est que je vous prie d'admonester celuy qui a faict une deffense contre moy, qui a pris un nom de Zacharie Furnester... » L'évêque de Valence assure que cet écrivain a été « mesdisant et calomniateur notoirement » envers lui. Il continue ainsi : « Et ne peut nier, quel qu'il soit, que si je me fusse trouvé à la journée de Sainct Barthelemy à Paris, dont il m'accuse, que je n'eusse esté en pareil danger que les autres, au grand regret de Leurs Majestez. Et comme tout le monde sçait, le danger me poursuivit jusques en Lorraine, et tant s'en fault qu'on m'a envoyé pour porter ceste nouvelle, que si

chargea de réfuter leur réponse; mais il publia sa réfutation sans y mettre son nom (1).

» La reine-mère prévoyant les difficultés et les maladies qui pouvaient arrêter l'évêque de Valence dans son voyage, envoya en Pologne Gilles de Noailles, frère de l'évêque de Dax, qui était alors ambassadeur à Constantinople. Gilles de Noailles eut ordre de prendre un chemin plus long, mais plus sûr que celui qui avait été pris par l'évêque de Valence, afin que si l'un se trouvait hors d'état de se rendre en Pologne, l'autre pût y suppléer. Mais l'évêque ayant eu avis du départ de ce nouvel ambassadeur, craignit qu'il ne vint pour lui dérober une partie de la gloire qu'il espérait tirer de cette négociation. Il écrivit à la cour qu'il ne voulait avoir ni compagnon ni adjoint dans son ambassade. On envoya ordre à Gilles de Noailles de revenir en France: mais le courrier du roi n'ayant pu l'atteindre, il arriva en Pologne, et lorsqu'il sut les plaintes de l'évêque de Valence, il déclara qu'il ne prétendait nullement le remplacer ni lui être associé, et qu'il se contenterait de travailler sous ses ordres (2).

» Cependant l'évêque de Valence se donnait des mouvements extraordinaires pour réussir dans sa négociation. Il était secondé par Gilles de Noailles, Lanssac (3), Balagni, Basin, qu'il avait ame-

j'eusse sceu que cela deust advenir, je n'eusse pas esté si mal conseillé d'aller en lieu où j'estois asseuré d'estre le malvenu. Je vous diray pour fin de ce propos que tels escrits n'avanceront jamais la religion. »

(1) *Pro Joanne Montlucio præscriptio*, etc.; 1574, in-8°, Anvers, dit la *Bibliothèque historique de la France*, Paris, dit J. Echard; Lyon, 1575, in-8° (*Accedit Zach. Furnesterii responsio ad eamdem præscriptionem*). L'opuscule de Cujas a été traduit en français (Paris, Le Magnier, 1575, in-8°). De Thou dit de la réfutation du libelle très envenimé composé par Doneau en Allemagne: « Cette pièce est écrite avec beaucoup d'élégance, et ce fut Cujas, le plus grand jurisconsulte de ce siècle, qui la composa, mais sans y mettre son nom. Il ne put refuser sa plume à un homme avec qui il était lié de la plus étroite amitié, et il donna par cet essai une grande idée de ce qu'il était capable de faire dans ce genre de littérature. »

(2) Voir le livre de M. de Noailles, t. I, p. 103, t. II, p. 223, 254, 329, 341, et surtout t. III, p. 10, pour les lettres de créance données à l'abbé de l'Isle, p. 14, pour les instructions qui lui furent remises par Charles IX, p. 214, pour une de ses lettres au roi (17 mars 1573), etc.

(3) Gui de Saint-Gelais, seigneur de Lanssac, fils du Louis de Lanssac qui est un des signataires du document n° VIII. Gui de Saint-Gelais, épousa Antoinette, fille de François de Raffin, dit Poton, seigneur d'Azai le Rideau et de Pecalvary, capitaine

nés avec lui (1), et par le doyen de Die qui était venu lui apporter des dépêches du roi. Ils n'oublaient rien pour gagner les seigneurs polonais, et pour détruire tous les bruits que les députés des autres prétendants ne cessaient de répandre au désavantage de la France et du duc d'Anjou.

» L'évêque composa une harangue latine, qu'il devait prononcer en présence de la diète assemblée, et il la fit traduire en polonais, afin que ceux qui la liraient fussent mieux en état d'en sentir toute la force. On en imprima secrètement quinze cents exemplaires pour les répandre parmi les Polonais, aussitôt qu'elle aurait été prononcée.

» L'évêque de Valence s'étant rendu à Varsovie eut d'abord un différend avec l'ambassadeur d'Espagne, qui entreprit de lui disputer la préséance; mais il soutint les droits de sa place avec fermeté, et il fut réglé qu'il précéderait l'ambassadeur d'Espagne (2).

» Lorsque la diète fut assemblée, il fut attentif au discours de l'ambassadeur de l'Empereur, qui sollicitait la couronne pour le prince Ernest; et comme il devait parler immédiatement après lui, il feignit d'être incommodé, et demanda que l'on remît à l'entendre jusques au lendemain. Il travailla toute la nuit à réfuter le

des gardes du roi et sénéchal d'Agenais J. A. de Thou a fait Gui de Saint-Gelais gouverneur d'Agen (p. 7 du t. VII). Jean de Monluc en parle ainsi dans la belle lettre qu'il adressa au roi de Pologne, le 10 mai 1573 : «Bien vous dirai-je, Sire, sur la fin de ma lettre, que Dieu m'inspira bien à vous demander M. le sénéchal d'Agenois, lequel a monstré en tout ce qu'il a peu la grande et entière affection qu'il avoit de vous rendre service. » Cette lettre, que l'on trouvera dans les *Mémoires* de Choisnin, avec deux autres lettres de la même date à Charles IX et à Catherine de Médicis, débute d'une manière bien éloquente: « Sire, je vous appelle ainsy parce que vous avez esté faict roy de Pologne, si vous le voulez estre, non pas par ma main, mais par la main de Dieu... »

(1) Dans le *Traité des devises* (1620, p. 42) de François d'Amboise, l'éditeur des œuvres d'Abailard, on lit qu'au temps de l'élection du roi de Pologne, il était à Varsovie chez l'évêque de Valence. F. d'Amboise composa une *Description du royaume de Pologne* citée par du Verdier (*Bibliothèque françoise*).

(2) Il faut rapprocher ceci de ce que j'ai eu l'occasion de dire de la lutte victorieuse que soutint François de Noailles en 1558, à Venise, contre l'ambassadeur d'Espagne (*Introduction* aux *Lettres inédites de François de Noailles, évêque de Dax*, 1865, p. 6).

discours du ministre de Vienne, et il y eut cinq feuilles d'ajoutées à la harangue qu'il avait préparée qui contenaient cette réfutation. Il la prononça enfin, et il paraît qu'elle fit beaucoup d'impression (1), puisque le duc d'Anjou fut élu roi de Pologne malgré toutes les traverses qu'on suscita à l'évêque de Valence jusques au moment de l'élection, et qu'il surmonta avec beaucoup d'activité et d'adresse.

» Jean de Monluc revint ensuite en France, où il arriva quelques jours avant les ambassadeurs que la Pologne envoyait au duc d'Anjou pour lui faire part de son élection. La conduite de l'évêque y fut généralement approuvée. On regarda sa négociation comme un chef-d'œuvre de sagesse et de politique (2). »

(1) Imprimé d'abord à Cracovie, in-4°, le texte latin des deux harangues fut réimprimé à Paris (1573, in-8°), et la traduction en fut publiée aussi à Paris, la même année, sous ce titre : *Harangue a la noblesse de Pologne, prononcée le 10e jour d'avril 1573, par Jean de Monluc, evesque de Valence, ambassadeur du roy très chrestien, en l'assemblée tenue à Varsovie pour l'élection du nouveau roy. — Seconde harangue faicte et prononcée en l'assemblée des Estats de Pologne, par le mesme sieur evesque de Valence lorsqu'il fut licencié le 25e jour d'avril* 1573 (in-8°, Jean Richer.) On trouve aussi cette traduction au tome II des *Mémoires de l'Estat de France sous Charles IX* (p. 197 et 221), et à la suite des *Mémoires* de Choisnin dans la collection de Michaud et Poujoulat. La Popelinière a reproduit seulement la première harangue (t. II, p. 162). Le P. Lelong et J. Echard citent encore : *Election du roy Henry III, roy de Pologne, décrite par Jean de Monluc, évêque de Valence*. Paris, 1574, in-4°.

(2) M. Paul Louisy a dit dans la *Nouvelle biographie générale* : « La dernière et la plus célèbre de ses ambassades (il en avait, de son propre aveu, rempli *plus de seize*) fut celle de Pologne, etc. » Non-seulement Jean de Monluc n'a jamais prétendu qu'il eût plus de seize fois été envoyé auprès des cours étrangères, mais même il a formellement déclaré qu'il avait représenté la France en *quinze* occasions. Voici ses paroles : « Et quand à ce qui touche à moy particulièrement il (Dieu) conduise à fin désirée ceste mienne légation qui est la seconde vers vous et la quinziesme vers les autres princes, tellement qu'à vous et à vos successeurs il en demeure une joie et perpétuelle mémoire de mon nom de ce que vous auray le premier offert un roy sage, prudent, vaillant, dévot, et fort affectionné au bien de vos affaires. » (Première harangue.) Presque tous les biographes de Jean de Monluc ont adopté l'erreur des seize ambassades, même Jacques Echard et le P. Griffet, sans compter Moréri, l'auteur de l'article sur l'évêque de Valence dans la *Biographie universelle*, l'abbé Monlezun et MM. Haag. — Gabriel de Lurbe (*De illustribus Aquitaniæ viris*) ne parle que de quinze ambassades, ajoutant que l'honneur d'être si souvent appelé à représenter son pays n'était peut-être jamais arrivé à personne. Le Laboureur (t. I, p. 437) s'est contenté de dire : « Il portait pour devise : *Quæ regio in terris nostri non plena laboris?* en mémoire de tant d'illustres ambassades, dont il avait esté honoré, et d'où il rapporta une égale réputation d'une merveilleuse doctrine et d'une rare éloquence et française et latine. » M. de Noailles (*Henri de Valois et la Pologne en*

Dans toutes les biographies de Jean de Monluc on trouve une lacune. Que devint-il de 1574 jusqu'à l'année 1578 où il reparaît sur la scène politique? Deux documents inédits (nº XIII et nº XIV) nous permettent de raccourcir la période pendant laquelle l'évêque de Valence avait jusqu'ici échappé à tous les regards. Deux lettres à Catherine de Médicis, du 28 et du 30 juillet 1577, nous apprennent qu'il était alors à Valence, et qu'il se préparait à rendre de nouveaux services à l'Etat. Avec cette liberté de langage qui, chez les hommes de cœur, est une des formes du dévouement, l'évêque de Valence demande énergiquement, en une de ses lettres, que l'on mette « en repos tout ce pauvre peuple à qui ne reste que la parolle pour se plaindre. » L'homme qui, toute sa vie, avait cherché à faire triompher les idées de modération et de conciliation, restait ainsi jusqu'au bout fidèle à son rôle. Ses démarches auprès de la princesse qui lui avait accordé toute sa confiance ne furent point inutiles. La paix entre les catholiques et les protestants ne tarda pas à être conclue à Bergerac (17 septembre 1577), et Jean de Monluc fut chargé par Henri III, nous dit J. A. de Thou (tome VII, p. 717) de faire exécuter l'édit de pacification dans la province de Languedoc (1). Il se transporta, d'après le grand historien, « le 14 février à Uzez, où il trouva les protestants fort animés, prêts à se mutiner (2). Ce prélat leur fit un discours avec cette éloquence que sa vieillesse vénérable ne rendait que plus touchante,

1572, t. I, p. 93), a cru aux seize ambassades. C'est là une des rares inexactitudes que j'ai eues à lui reprocher au milieu de beaucoup d'éloges dans mon appréciation de son ouvrage (*Revue critique d'histoire et de littérature* du 18 mai 1867, p. 316-320.)

(1) Dom Vaissète (t. IX de l'édition du Mège, p. 143) ajoute que le roi, dans ses lettres qui sont du 12 janvier 1578, subordonna le conseiller au conseil privé et maître des requêtes Pierre de Masparaulte, à Jean de Monluc, « à qui il attribua d'un autre côté la surintendance de la police, justice, finance et de l'octroi des villes dans le Languedoc, avec ordre d'aller dans cette province pour engager les religionnaires à mettre bas les armes, à exécuter l'édit, et à remettre en conséquence les places qu'ils occupaient. » Dom Vaissète (p. 139) reprend assez malicieusement, selon sa coutume, le P. Daniel qui, au sujet de l'envoi de Monluc en Languedoc, a commis (éd. in-f°, t. III, p. 1139) un petit anachronisme.

(2) Dom Vaissète (p. 143) nous apprend que l'irritation des protestants provenait de ce que les catholiques s'étaient saisis depuis peu du château de Sainte-Anastasie, situé dans le voisinage.

et il calma leur ressentiment. » Le président de Thou cite un autre discours de Jean de Monluc prononcé à Béziers, au mois d'avril suivant, à l'assemblée générale des Etats de la province (1).

Une lettre à Henri III, écrite de Pezenas, le 23 mai 1578, lettre qui complète la série des documents inédits recueillis ici (n° XV), prouve qu'aux difficultés générales au milieu desquelles Jean de Monluc avait à se débattre, venaient s'ajouter des difficultés particulières. La manière dont l'évêque de Valence se plaint des haineux procédés du maréchal de Bellegarde rappelle la vibrante parole de Blaise de Monluc, et l'on ne peut entendre avec indifférence cette amère et vigoureuse déclaration du vieillard : « Je ne sçaurois plus vivre à me veoir ainsy méprisé. »

C'est précisément là noblesse et la fierté des sentiments exprimés dans cette lettre qui me fait accueillir avec défiance ce que le président de Thou nous raconte de la déchéance morale de Jean de Monluc, à l'extrémité de sa longue carrière (p. 77-78 du t. VIII) : « D'Agen, la reine-mère passa à Toulouse où Jean de Monluc, évêque de Valence, vint la saluer. Ce prélat avait eu ordre de la cour l'année précédente de passer dans cette province pour y préparer les esprits à quelque accommodement, et il s'était rendu près

(1) La *Bibliothèque historique de la France* mentionne ce dernier discours sous le n° 18,383 : *Remonstrance aux Etats de Languedoc tenus à Béziers* par Jean de Monluc, évêque de Valence. Echard le cite aussi sous ce titre plus étendu : *Remonstrance aux villes et diocèses d'Uzez, Nismes, Montpellier, et aux Etats généraux de Languedoc tenus à Béziers au mois d'avril MDLXXVIII.* Paris, Abel L'Angelier, 1578, in-8°. — M. Léonce Couture a trop bien caractérisé le talent de Jean de Monluc (*Bulletin d'Auch*, t. II, p. 577) pour que je ne lui emprunte pas son appréciation : « L'illustre maréchal eut un frère plus lettré que lui, beaucoup moins connu, mais qui mérite pourtant une place d'honneur dans l'histoire de l'éloquence et de la diplomatie françaises. Quand cette histoire sera faite, on verra peut-être dans les sermons de l'évêque de Valence le point de départ de ce mouvement sérieux et profond, mais insensible, qui fit dériver la prédication de l'érudition ridicule de la Renaissance à l'inimitable sévérité du grand siècle. Quant à ses négociations, lettres, discours et opuscules politiques, c'est la raison la plus ferme et la plus lumineuse, une prodigieuse connaissance des hommes, une prévoyance qui déjoue tous les piéges, un entregent qui émousse tous les traits ennemis, un art de parole et de discussion si parfait qu'il ne se laisse pas soupçonner. » Dans mon opuscule : *De la fondation de la Société des bibliophiles de Guyenne* (1866, p. 21), j'ai exprimé le vœu que l'on réimprimât les sermons et les harangues politiques de Jean de Monluc. L'éditeur est tout trouvé : ce ne peut être que M. Léonce Couture.

de la reine pour l'informer plus particulièrement par lui-même du succès de sa négociation. Ce fut là qu'il tomba malade, accablé ou de vieillesse, ou des travaux qu'il avait essuyés dans tant d'affaires dont il avait été chargé; et il mourut peu de jours après (1). J'ai si souvent parlé avec éloge de ce grand homme, que je croirais me rendre ennuyeux si je répétais ici ce que j'en ai déjà dit. Il suffira qu'on sache qu'il était également estimable par ses talents naturels et par son érudition, et qu'il n'eut jamais rien plus à cœur que de voir la paix rétablie dans l'Eglise. Destiné dès sa jeunesse à l'état ecclésiastique, à peine il parut à la cour qu'on le regarda comme capable des plus grandes affaires. Ce fut par là qu'il s'introduisit dans les bonnes grâces du cardinal de Lorraine, qui se faisait alors un plaisir de protéger à la cour les gens d'esprit, et qui le fit employer dans plusieurs ambassades, dont il s'acquitta avec beaucoup d'habileté et de bonheur. Je ne parle point de celle d'Ecosse, ni de quelques autres. Il est certain qu'il réussit admirablement dans celles de Constantinople et de Pologne, où contre l'espérance de tout le monde, et malgré les brigues de tant de princes prétendant à ce grand et puissant royaume, il sut écarter tous ces concurrents, et réunir tous les suffrages en faveur de Henri, alors duc d'Anjou. Mais ce prince qui aurait préféré les délices de la cour de France à toutes les couronnes du monde, reconnut fort mal un si grand service. Il regarda cette élection, qui le comblait de gloire, comme un exil honorable que ses ennemis lui imposaient pour l'éloigner, et depuis ce temps-là il ne put voir de bon œil celui

(1) Jean de Monluc mourut entre les bras des jésuites le 12 avril 1579. (L'abbé Monlezun et la *Nouvelle Biographie générale* indiquent à tort le 13 avril.) Voir pour l'épitaphe mise sur son tombeau, dans la cathédrale de Saint-Etienne de Toulouse, l'article si souvent cité de J. Echard. En ce même article on trouvera la citation du passage des *Annales* de Sponde relatif à la mort de Jean de Monluc. On y trouvera encore la citation de l'éloge de ce prélat fait par les auteurs du *Gallia christiana*. Mézeray a prétendu bien à tort que Jean de Monluc parut à sa mort aussi équivoque et aussi incertain entre les deux religions qu'il l'avait été pendant sa vie. Scipion du Pleix, tout en reprochant à l'évêque de Valence ses complaisances pour les calvinistes et pour leurs doctrines, reconnait qu'il mourut catholique. Du Pleix est un des historiens qui ont été censurés par le P. Columbi dont le zèle outré rappelle l'ours et son pavé.

à qui il en était redevable. Monluc, d'un autre côté, qui se voyait déjà dans un âge avancé, et pour qui sa disgrâce semblait être un avertissement du ciel qui l'exhortait à penser à la retraite, eut l'imprudence de ne pas profiter à temps de cette occasion; et il eut la douleur de se voir dans un âge décrépit mourir méprisé dans le commerce des dames de la cour, tandis qu'il aurait pu se flatter de jouir tranquillement le reste de ses jours d'un repos honorable dans son diocèse. »

Ne voulant pas laisser le lecteur sous la triste impression des reproches, dans tous les cas fort exagérés, adressés par le président de Thou aux derniers jours de Jean de Monluc (1), je vais citer, en finissant, le sonnet que Ronsard écrivit à sa louange, et qui me semble devoir couvrir sa mémoire d'une immortelle protection (2):

Docte Prelat, qui portes sur la face
Phœbus pourtrait, et Pallas au cerveau,
Je te dedie en cest œuvre nouveau
Tous mes lauriers, mon myrte et mon Parnasse.

(1) Le P. Griffet n'est guère moins dur: « Il demeura sans crédit, et mourut à Toulouse en 1579, à la suite de la cour dont il ne pouvait se détacher malgré sa vieillesse, et le peu de confiance que le roi avait en lui. » L'abbé Monlezun a protesté contre les paroles du président de Thou. Aucun autre des contemporains de l'évêque de Valence ne l'a accusé d'avoir si près de la mort manqué ainsi de respect pour lui-même. Les faits, tels que nous les connaissons, ne me semblent pas plus donner raison à la cruelle assertion de l'historien, que le langage si plein de dignité tenu, moins d'une année auparavant, à Henri III par l'adversaire du maréchal de Bellegarde.

(2) *Les œuvres de Pierre de Ronsard, gentilhomme vendosmois, prince des poètes françois, reveues et augmentées.* Paris, Nic. Buon, 1609, in-f°, p. 1016. Il y a un bien mauvais sixain pour Jean de Monluc à la fin de l'édition des *Commentaires* de 1592. Un certain nombre de vers latins ont été aussi composés en son honneur. Je citerai: *Joannis Monlucii Valentini et Diensis episcopi elogium apologeticum* par le jésuite André Gérard, à la fin du volume de Columbi, pièce dans laquelle les calomniateurs de l'évêque de Valence sont comparés à des chiens qui aboient à la lune, *allatrare lunam canes non mordere*. Je n'ai pas osé citer, près du sonnet de Ronsard, un sonnet du très médiocre poète condomois, Gérard-Marie Imbert (le 59e de ses *Sonnets exotériques*, Bourdeaux, S. Millanges, 1578, in-8°) dont voici les premiers vers :

Monluc, illustre honneur des prélats de la France,
Afin que je ne sois hors de ton souvenir,
Je veux renouveler et faire rajeunir
Mon nom en toi, esmeu d'honneur et d'espérance.

Je ne veux plus qu'en vain le temps se passe
Sans composer quelque livre plus beau,
Pour y graver ainsi qu'en un tableau,
D'un tel Prelat les vertus et la grace.

En te plaisant, à la France je plais :
D'autre douceur mon esprit je ne pais
Qu'aux beaux discours de ta douce faconde.

Pour ce je veux tes honneurs raconter :
Car de sçavoir un Monluc contenter,
C'est contenter la France et tout le monde.

I.

Lettre de Jean de Monluc au connétable de Montmorency.

Bibliothèque impériable, collection Dupuy, tome 265, p. 106.

Monseigneur, j'ay receu la lettre qu'il vous a pleu me mander du xxiie du passé; et vous mercye très humblement du moyen et advis qu'il vous plaist me donner pour faire service : ce que j'ay toujours désiré, et ne fauldray jamais à y faire ce qui me sera possible. Mais je me doubte qu'en cest affaire, la difficulté sera si grande que ce sera contre mon espérance, si l'on obtient ce que vous m'escripvez, pour le peu de satisfaction que je veoy que Nostre Sainct Père a du mariage que sçavez, bien qu'Elle face semblant d'avoir prins tout à bonne part (1) je n'en veulx donner aucun jugement jusques à ce que les effectz se démontrent. Et peult estre qu'il adviendra autrement. Mais si est ce que sa dicte sainctetté, à ce que j'ay entendu, dit que la response du Roy l'a grandement contenté, comme fondée en grand raison, et tant plus qu'elle a esté sincère et sans dissimulation. Bien vauldroit que l'on luy eusse tenu ce langage den Nice (2). Toutesfois, quand elle parle à monseigneur de Grignan, c'est avec tant de modestye et de prudence qu'il est possible, et ne fait aucun semblant d'en estre offensée, et, quant au propoz que sçavez, Dieu mandera quelque occasion qui pourra myeulx justiffier la vérité; et de ma part, si je n'ay la puissance si grande et si bon moyen de vous servir, comme les personnaiges dont est question, si pensé-je de vous y faire service plus fidellement qu'ilz n'ont faict.

Monseigneur, pour le présent ne se parle en ceste court que de

(1) Quel était ce mariage? Etait-ce celui de Cosme Ier de Médicis avec l'archiduchesse Marguerite, veuve d'Alexandre de Médicis, mariage alors projeté, et auquel le grand duc de Toscane dut renoncer? Je n'ose répondre affirmativement.

(2) Paul III avait négocié entre l'Empereur et le roi de France la trève de Nice (12 juin 1538). Il assista dans cette ville, comme médiateur, à l'entrevue de ces deux princes.

faire la guerre et aller vers Urbin. S'il surviendra quelque nouvelle, je vous tiendray advisé de tout ce qui viendra à ma congnoissance.

Monseigneur, je supplye le créateur qu'il vous doint en parfaicte santé bonne et longue vye. De Rome ce 10e de decembre mil vcxxxviii.

Vostre très humble et très obéissant serviteur

J. MONLUC.

Monseigneur, il se dit en ceste court que Cosme (1) a cuidé estre tué, comme son prédécesseur, par ung sien guarde robe nommé Pretin, qui a confessé et a esté descovert pour avoir esté trové à getter un guarçon en pièces dans le fleuve, lequel il avait tué, parce que ledit guarçon avait entendu la conjuration par une lettre qu'il avoit trovée et leue, addressante audit Pretin et toutefois il ne l'avait accusé.

Je vous envoye aussi des vers de maistre Pasquin (2).

II.

Au roi.

Fonds français, 15882 (non paginé).

Sire, mon nepveu de Monluc ne pourra oneques [songer] d'aller en Dannemarh sans premierement faire essayer si vous ne vouldriez ouvertement permettre ou bien le dissimuler comme font bien souvent les princes quand ilz ne veulent abbandonner leurs anciens amyz. Le gentilhomme dont est question n'est pas entré dans ce royaulme à cachetes. Il est venu de la part d'ung prince à qui (il na que deux ans) vous avez envoyé vostre ordre, vous y tenez ung ambassadeur. Il s'est adressé à Vostre Majesté comme ancien et le plus seur amy et protecteur de la couronne de son maistre, et à son retour s'est bien gardé de publier la response que vous luy aviez faicte, mais a donné à entendre à plusieurs à qui il s'est addressé que s'il trouvoyt quelques particuliers qui eussent le moyen de conduire le secours qu'il demandoyt, vous vous contenteriez de le dissimuler; mais pour

(1) Cosme Ier de Médicis. Le prédécesseur de Cosme, Alexandre de Médicis, avait été assassiné à Florence dans la nuit du 5 au 6 janvier 1537.

(2) Tout ce *Post-scriptum* est autographe.

cela il ne se trouvera poinct que du costé de mondict nepveu il y ayt un traicté, contract ny obligation ny aultre promesse, si non de se trouver à Paris au mois d'apvril pour entendre ce que l'on luy vouldroit dire, et s'il eust veu que ledict Roy eust authorisé le dire et la demande de son ambassadeur il vous en eust adverty, et plustost ne le pouvoit il faire attendu qu'il n'avoyt en main que parolles d'ung homme qu'il debvoit tenir pour personne privée, et n'eust pas esté si mal conseillé d'escouter et encores moins de contracter avec ung prince estranger sans l'autorité de Vostre Majesté, qui en mesme temps debviez estre sur le lieu, et des propos qu'ilz ont eu ensemble l'on n'en peult tirer aultre yssue sinon que les Roys et princes estrangiers doibvent beaucoup estimer ce royaulme, puisque ung simple gentilhomme, filz de famille, n'ayant aulcune charge, a monstré que de soi mesme, sans ayde de personne, a moyen de secourir ung roy et pour la protection de la mesme couronne que les siens avec l'authorité des Royz vos predecesseurs ont aultresfois conservée. Mais pour cela l'on ne peult dire que mon nepveu ayt reçeu lettres ny qu'il ayt escript en chiffres ny aultrement à prince aulcun estrangier, ny faict aulcune pratique qui concerne l'estat de ce royaulme, tellement qu'on ne peult dire qu'il ayt en rien qui soyt contrevenu à votre edict de majorité; et ne s'en trouvera poinct de sa qualité qui plus desire que tout le monde vous rende l'obéissance qui vous est deue et qui moins s'est espargné dès son enfance à vous faire très humble service, et n'a pas oblyé l'honneur qu'il reçeust du feu roy vostre père, de bonne et recommandable memoire, qui luy donna une compagnie de gens de pied en l'aage de XVII ans, l'estimant, comme il disoyt, vieux soldat, parceque ja six ans au paradvant il avoyt esté nourry aux bandes à six franz de peye par l'ordonnance de son père qui avoyt voulu à bonne heure l'acoustumer à vous servir, et despuis n'a jamais abandonné les guerres, y faisant si bien son debvoir qu'il en a raporté telle louenge qu'il a grande occasion de s'en contenter, et voyant, Sire, et je ne sçay par quel malheur, qu'il n'a esté advancé en biens, en honneurs et estatz comme les aultres, il a voulu, sans mectre que soy mesme en peyne, tirer ung nombre de noblesse de ce païs et aller chercher allieurs la fortune, et après avoir eu congé de vous, Sire, dès l'année passée, il s'est mys en telle despense pour parfaire son voyage qu'il y est pour six vingtz mil francz, et plusieurs aultres gentilshommes ont vendu leur bien pour estre de la partie, tellement que, là où vous leur vouldriez deffendre le voyage qu'ilz veulent faire, ce seroyt aultant que leur couper la gorge et les jecter en la mer. Seroyt aussi oster le cœur à plusieurs aultres qui peult estre eussent faict de semblables et meilleures entreprinses, quy me faict vous suplier très humblement, Sire, ne consentir poinct à la ruyne de ce jeune homme qui a mieux merité que cela, et s'il vous plaisoyt leur donner quelque chose, tant peu fust il, pour l'ayder à poursuyvre son entreprinse qui ne peult estre blamée, je suis seur que cela reviendroit à vostre service, et pour le moinz luy feriez vous cognoistre que, bien que vous ne l'ayez mys encore en vostre livre de bienfaictz, ce n'est pas que vous ne l'ayez estimé digne d'estre recogneu et honoré.

Sire, je prye nostre Seigneur vous donner en parfaicte santé longue et heureuse vye.

De Tholoze, ce IIII juilhet 1566.

Vostre très humble et très obéissant serviteur et subject

Monluc, evesque de Valence.

III.

A Catherine de Médicis.

Ibid.

Madame, comme je doibs desirer le bien et l'advancement de mon nepveu de Monluc aultant ou plus que le mien propre, pour estre le chief de ma maison et celui de mes parens qui doibt soustenir et consoler ma viellesse, aussi ne puis je faire de moins que de participer avec luy en l'ennuy et en la peyne où je le vois presentement, et d'aultant plus que de ce qu'il pençoyt estre loué et favorizé il a entendu que le Roy et vous, Madame, avez prins en autre part ses actions et le prenez pour infracteur de l'edict de majorité, choze à quoy il ne pencéa jamais, et si faulte il y avoit de son costé, je pencerois que le plus advisé homme de France y pourroit avoir esté surprind; qui me faict vous supplier très humblement de vouloir entendre la vérité du faict comme il est passé et de ce qui est venu à ma cognoissance. Le gentilhomme du roy de Dannemarch donna à entendre à mondict nepveu que si faisant son voyage il vouloit approcher du pais de son maistre pour y faire descente avec nombre de harquebusiers, il y seroit bien receu et honorablement traicté et que voz Majestez ne le trouveroyent pas mauvais. A quoy mondict nepveu ne fist aultre responce sinon qu'il voulust bien luy monstrer la puissance de ce royaulme, puisqu'un simple gentilhomme de son mesme sans estre aydé avoit moien de secourir un roy et lui conserver ses pais, et d'aultant que ledict messaigier n'avoit aulcune charge de son maistre de parler à luy particulierement, il reserva à luy faire responce quand il reviendroict mieux instruict et mieux authorizé qu'il n'estoit, luy promectant toutesfois d'estre à Paris par tout le moys d'apvril, auquel lieu il l'assigna expressement, saichant que voz Majestez s'y debvoient trouver, esperant qu'il auroit quelque moyen de vous faire trouver bonne son entreprinse. Si est ce qu'il y avoit beaucoup de raisons pour se nourrir en ceste oppinion, car en premier lieu tout le monde confesse que ce royaulme est si plain de gens de guerre et de soldatz qui se faschent à présent de se contenir à leurs maisons que pour éviter les troubles qu'on void advenir il seroit necessaire d'en envoier partie aux pais estrangiers, et si cela est veritable, comme certainement tout homme d'entendement l'avouera, il seroit bon aussi qu'il y eust beaucoup de gentihommes de l'humeur de mondict nepveu qui voulussent comme il fait servir et de leurs biens et de leurs vies à ceste necessité publicque. D'aultre costé, Madame, avoit il quelque raison de pencer que, ores que le roy ne voulust envoier secours au roy de Dannemarc, pour le moings ne trouveroit il poinct mauvais que des gens desbendez sans adveu allassent poursuyvre leur fortune en un royaulme qui a esté acquiz et conservé aultresfois par le secours de ceste couronne, duquel secours un nostre oncle, appellé le seigneur de Cassens, fust le chef et lieutenant de roy, tellement qu'il sembloit comme une choze fatalle que les roys dudict royaulme deussent en leurs necessitez venir prendre secours en Gascoigne et d'une mesme race. Ce a esté doncques un discours, Madame, auquel il n'y a lettres en chiffres ny desguisées ny praticque avec prince estrangier qui concerne l'estat de ce royaulme. Il n'y a poinct eu lettres ny commission de prince estrangier. Il n'y a eu qu'ung pourparlé entre deux personnes privées. L'ung se faisoit fort de la volunté du roy de Dannemarc. L'autre se promectoit peult estre plus qu'il ne debvoit de la bonne volunté de voz Majestez et avoit quelque raison de s'assurer que, quand bien le congé luy seroit refuzé, pour le moingz voz Majestez recoignoistroient sa bonne volunté et le moyen qu'il auroit de vous faire quelque grand et notable service. Quoiqu'il en soit, il n'est poinct venu à ce poinct là de contrevenir à l'edict de majorité qui ne vouldroit tirer le texte par les cheveux, et s'il l'eust voulu rompre comme ont faict plusieurs autres, il seroit peult estre plus advancé qu'il n'est, et fault dire qu'il y a du malheur en son faict, car on ne peult nyer qu'il ne se soit trouvé avec les armes en toutes les guerres despuis l'aage de onze ans. Monsieur le connestable sçaict que le feu vostre seigneur le fist cappitaine en l'aage de XVII, et despuis il n'a failly à quelque entreprinse qui ayt esté faicte s'il ayt peu s'y trouver, et en a raporté telle louange et des grands et des mediocres que pour sa satisffaction il n'en doibt desirer de plus grande, si ce n'est qu'il doibt porter un infiny regret qu'il est cogneu de tout le monde horsmys que de voz Majestez, et qu'il est aujourd'huy aultant advancé qu'il estoit il a quinze ans, et en ung temps que l'on a peu s'en fault contrainct les gens de prendre les grandeurs par force; et qui pis est il se void en telz termes que si le roy luy reffuze le congé il demeure endebté de six vingtz mil francz, qui seroit la ruyne de luy et des siens et de beaucoup de gentilhommes qui sont de sa compaigne, ce que je ne puis croire puisse advenir, attendu que dès l'année passée le roy et vous luy donnastes congé d'aller pratiquer et traffiquer où il pourroit faire son profict, de descouvrir pais où bon luy semblerait pourveu qu'il ne commençast la guerre à aulcung de voz alliez comme il n'a pas deliberé de faire et oseray bien dire davantaige, Madame, et en bon serviteur du Roy, que tant s'en fault qu'on doibve empescher le cours de la bonne volonté de ce jeune homme, que quand il plairoit à Sa Majesté le favorizer et l'ayder de quelque commodité beaucoupt de gentilhommes de ce royaulme provoquez de cest exemple feroient de semblables entreprinses, s'acoustumeroient à estre armez sur la mer et à vous faire service quand vous auriez la guerre avecques les voisins, tiendroient en exercice la jeunesse et une infinité de gens qui pour estre oyseux s'adonnent à mal faire, aporteroient le nom des François en pais estranger, et à leurs despens et au peril de leurs vies feroient des entreprinses grandes et louables et telles que les princes estrangers ne peuvent faire sans mettre la main à la bourse de porter tous les frais et tous les hasards. Toutes ces raisons et plusieurs autres que j'obmectz pour ne vous ennuyer de tropt longue lettre me font croire que vous, Madame, qui estes la mère et du peuple et de la noblesse, favoriserez l'intention de mondict nepveu et le prendrez soubz votre protection, ferez que le roy luy donnera quelque choze (tant peu soit il) pour luy donner courage de continuer à faire ce qu'il a commencé, obligerez ce jeune homme et tous les siens et plusieurs aultres qui sont de la compaignie, les preserverez d'une ruyne qui les conduyroit à un desespoir s'ilz se voioient en chemin de perdre tout leur bien qu'ilz ont ja employé. Tout cela veulx-je esperer de vous, Madame, et ne voy poinct qu'il y puisse survenir aulcung empeschement, si ce n'est le malheur qui est commung à tous ceux de la maison de Monluc, qui ne se lassent jamais de bien et fidellement servir, et bien souvent la memoire de leurs services est bien tost estaincte, mais comme je me suis toujours promis, voz Majestez ronpront ce malheur et favorisez ceste pauvre maison d'où n'en est sorty encorres personne qui sortant d'enfance ne se soit employé au service de ceste couronne.

Madame, je prie nostre Seigneur vous donner en santé longue et heureuse vie.

De Tholoze ce 6 juillet 1566.

Vostre très humble et très obéissant serviteur,

Monluc, evesque de Valence.

IV

À la Même.

Ibid.

Madame, estant sur la fin de ma lettre (2) j'ay receu celles qu'il a pleu au Roy et à vous de m'escrire tant pour moy que pour les capitoulz, lesquelles je leur feray presenter et voudrois que cela leur servist à leur faire recognoistre leurs faultes non tant pour le passé que pour l'advenir, mais j'ay grand poeur qu'après toutes choses bien considérées il se trouvera que le jugement que j'en fis à mon arrivée sera plus que veritable qui est qu'il y a en eulx ou une grande malice ou une extrême ignorance. Je ne demande pour toutes preuves que de voyr enroller les escoliers espaignolz pour s'en servir avecques les armes, et n'en avoir pas appellé ung de la nation françoise. J'adjousteray ce mot pour le service de voz Majestez que si durant leur capitolat vous ne tenez icy ou Monsieur de Joieuse ou autre qui ait quelque aucthorité, il en adviendra chose à quoy vous aurez tout jamais regret de ne m'avoir creu, et cependant, Madame, je vous mercye très humblement de la faveur que vous m'avez faicte à leur faire escrire ce qui peult estre profitera. Et puis que vous

(2) Le commencement de cette lettre manque dans le volume 15882.

avez trouvé bon ce que je vous avois escrit touchant les articles de Pamyers, je vous suplieray très humblement de faire entendre à Monsieur de La Valette qui en estoit l'aucteur qu'il vous a faict service, lequel ne peult estre qu'en grand peyne veu ce que l'on luy a dict que voz Majestez estoient mal contentes de ce qu'il avoit capitulé avec voz subjectz. Il est vray que pour le consoler luy a esté dict aussi que l'on l'estimoit si saige qu'on pouvoit bien penser que cela ne venoit pas de luy, mais de quelque autre qui luy avoit persuadé. J'ay bien recognu en quel jardin debvoit tumber ceste pierre, mais je ne m'en suis pas beaucoup soucié, car graces à Dieu il y a quarante ans que je sçay bien (aussi sçait bien ledict sieur de La Valette) que le subject ne doibt jamais capituler avec son maistre, mais aussi scavons nous bien quand les meschans sont réduictz en tel lieu qu'on ne peult les avoir sans la perte et ruyne des bons l'on doibt essayer tous moyens pour separer les ungs des autres, et de ma part je ne voudrois point appeller ung medecin qui pour vuider les mauvaises humeurs ne tiendroict compte des bonnes. Ledict de La Valette a esté le premier qui leur a faict confesser leur faulte, qui a fait qu'ilz ont recognu qu'enfin il falloit revenir ez mains du Roy et de la justice, qui a faict cesser l'hostilité qui se faisoit entre ladicte ville et le Mas qui est le fort de la maison épiscopalle, et veulx bien dire, et en cela seray-je suivy des ungs et des autres, que si au temps que Sarlabous s'y presenta le dict de La Valette eust esté en sa place, il y a quinze jours que voz commissaires y seroient avec toute seureté et attribue à quelque malheur que le dict sieur de La Valette ne se trouva prez de Monsieur de Joieuse lorsqu'il depescha les dictes compagnies de gens de pied, m'asseurant bien que ledict sieur de Joyeuse qui en toutes choses a faict ce qu'ung chef bon et saige debvoit faire eust mieulx aymé se servir de celluy qui avoit si bien commencé que dudict capitaine Sarlabous, lequel encores qu'il soit bien fort honneste et saige, si est-ce que pour ceux qui sont en sa compagnie il ne pouvoit estre que odieux et formidable et aulx ungs et aulx autres; mais revenant ausdictz articles afin que ce bruict de vostre malcontentement qui est commun à tous ceulx de ceste ville et de ce païs soit effacé s'il vous plaist en escrire audict de La Valette une lettre telle qu'il vous plaira adviser, il n'aura occasion de se repentir de s'y estre employé. Vous le cognoissez assez et trop mieulx que moy. Mais je vous diray bien qu'il est grandement aymé et estimé d'ung chascun, et quant à ceux de Pamiers Monsieur de Rambouillet m'a escrit du jour de devant hier qu'on luy avoit promis de faire desloger hier les bandoliers qui sont plus fortz que les habitans, et à ce matin l'on debvoit accepter tout ce qui auroit esté ordonné par Monsieur de Joyeuse, et me tiens bien asseuré qu'ilz ne feront aucune difficulté de leur obeyr comme ilz n'eussent pas faict audict sieur de La Valette et à tout autre qui s'y fut présenté horsmis que aulx gens de pied, lesquelz sont si bien vivans que l'on n'en voudroit ny en enfer ny en purgatoire. J'en reserve ses capitaines qui meritent d'estre mieulx accompaignez, mais quoy qu'il en soit je seray trouvé veritable du bien et du mal que je vous ay escrit et que sans que le Roy se mette en despence il chastiera les coulpables et Dieu veille qu'il conserve les bons.

Madame, je prie Nostre Seigneur qu'il vous doinct en parfaicte santé longue et heureuse vye.

De Tholoze, ce xx^{esme} de juilhet 1566.

Vostre très humble et très obéissant serviteur

Monlue, evesque de Valence.

V

Au Roi.

Ibid.

Sire, la charge qu'il vous avoit pleu me bailler en la recette de Thoulouse a esté si desagreable à ceux qui ont accoustumé de faire leur profict aux despens et dommaige d'autruy qu'il ne m'a esté possible les pouvoir contenter ny par aucun moyen les rendre capables de raison. Les ungz trouvarent du commencement estrange de veoir changer la façon accoustumée de laisser à ferme votre domaine, encores plus de ce que je ne voulois confirmer les baulx qui ja avoient esté faictz par vos officiers pour troys ans, mais quand ilz veirent l'augmentation telle que vous avez entendu ilz recongnurent à leur grand regret leur faulte. Autres ont trouvé pire que suivant la commission qu'il vous a pleu m'envoyer j'ay jugé quelques procez qui avoient esté longuement penduz au crocq et qui peult estre n'en eussent jamais bousié, et dautant que l'yssue des jugemens a esté à vostre proffit, ils dient qu'on leur fait grand tort de leur oster ce qu'ilz avoient si long temps occupé. Quelques ungs ont faict grand crieries de ce que j'ay voulu espelucher les infeudations des vaccans qui avoient esté faictes du temps du mareschal Saint André, et bien qu'ils sachent et confessent qu'un paisant en beaucoup de cas est admis à revocquer la vente qu'il a faicte, ilz ne sçauroient trouver bon (se disent il) que vous soyez relevé des contractz qui avoient esté faict par voz commissaires bien qu'il y ait notoire et patente lezion, mais de ces criardz le nombre en est petit car il n'y a que la communauté de Verdun et les Bernuy qui disent que je leur ay faict grand tort. Le tort est tel que l'aisné des dicts Bernuy achapta il a huict ans les deux tiers d'une de voz foretsz pour neuf mil quatre cens livres qui furent donnez comme tout le monde sçait audict sieur Mareschal, laquelle terre il bailla à des pauvres gens pour la cultiver et mettre en nature de labour, et leur donna le fruict qu'ilz en pourroient recueillir pour la première année, et sans y avoir despendu ung sol pour la meliorer mais au contraire il en retira beaucoup d'argent et la vente du boys qui estoit encores debout. Il a despuis arrenté ladicte piece à unze cens cestiers de bled par an qui vallent aujourd'huy plus de quatre mil francz avec autres conditions qui en vallent plus de troys cens. Il s'en va vers vostre Majesté pour faire ses plainctes et m'y a faict appeller par ung relief d'appel qu'il a obtenu non sans quelque apparence de faulceté, et se confie (comme il dict) aux grands et notables services qu'il a faictz à vostre couronne et ce pendant pour empescher les encheres que j'avois fait proclamer de ladicte terre, il a faict signifier son dict appel aux villes de Moissac et de Castelserazin et lieux circonvoisins, mais le remede fut promptement trouvé. Car je fis entendre que ceux qui voudroient de nouveau y surdire ne seroient tenuz desbourcer argent jusques à ce que j'aurois faict venir lettres de declaration de Vostre Majesté confirmant et approuvant ce que j'aurois faict pour le regard dudict Bernuy. Ceste asseurance fut cause que la susdicte monta jusques à vingt et troys mil francs, qui vient à raison de treize mil d'augmentation et cinquante livres d'albergue plus qu'il n'estoit porté par le premier achapt, de sorte que c'est à votre choix, Sire, de lui donner vostre domaine comme il se vente que vous ferez, ou bien de retirer la pièce de laquelle vous aurez pour le moings mil escuz par an, et à ces fins je luy ay faict presenter par le scindic de Languedoc son argent, ou bien s'il plait à Vostre Majesté vous pourrer prendre les treize mil tant de livres et luy faire rendre ses neuf mil des vingt et trois mil qu'on en a offert de l'augmentation de l'albergue, et dautant que je me suis obligé d'advertir sesdictz marchans dans ung mois, j'ay depesché ce present porteur en diligence pour vous supplier de me faire sçavoir votre volunté, auquel j'ay pareillement baillé mémoires assez amples pour vous rendre compte des procès que j'ay jugez en vostre proffict et des infeudations que j'ay faictes et de l'argent que vous en pourrez tirer qui viendra à la somme de quarante cinq mil francs et ce sans avoir touché au Languedoc pour l'empeschement que le scindic dudict pais m'y a donné, et combien que toutes choses m'ayent succedé assez heureusement et au profict et advantaige de voz affaires, si me desplaist-il grandement que je n'aye sceu ne peu mieulx faire pour le desir que j'ay de vous faire très humble service.

Sire, je prie Nostre Seigneur vous donner en très bonne santé heureuse et longue vye.

De Bourdeaulx ce dernier jour de septembre 1566.

Vostre très humble et très obéissant serviteur

Monluc, evesque de Valence.

VI

A Catherine de Médicis.

Ibid.

Madame, ce n'est pas la première foys que j'ay veu aux courtz des princes qu'il n'y a cause si mauvaise qu'elle ne trouve son advocat et protecteur, et que ceulx qui ont bien et fidellement servy au temps qu'ilz esperent en recevoir quelque honnorable recompense sont contrainz d'entrer en defence comme s'ilz avoyent faict chose qui meritast quelque correction. Je suis en ces termes qui pense avoir tant faict pour le profit et advantaige du Roy qu'il n'y a homme en la court qui ne deust louer et approuver mes actions et les rendre plus recommandables à Voz Majestez, mais à ce que je voy et entendz tous les jours j'ay tout gasté et eusse tout gasté si j'eusse faict plus long sejour en Thoulouze, et que ses capitoulz sont les plus gens de bien, les plus pollitiques et les plus fidelles subjectz du Roy, mais quoy qu'il en soit je n'ay point blasmé leurs pensées ny leurs parolles ny leurs actions secrettes. Je n'ay rien escrit que de ce qui estoit patent et notoire aux yeulx de tout le monde et que j'ay tousjours comme je fais encores offert de verifiier. Si l'on appelle gaster tout bien et fidellement servir, je confesseray avoir tout gasté. Mais si puis-je dire que j'ay autant servy despuis trante ans qu'homme de ce Royaume de ma robbe, et que le plus souvent j'ay esté employé pour rabiller ce que les autres avoient gasté. Tant s'en fault qu'on doibve estimer de moy que je puisse ny veulle rien gaster. Bernuy aussi se plainct que injustement je l'ay despouillé de sa terre qu'il avoit achaptée du temps du feu mareschal Saint-André, mais quand vous aurez entendu mes raisons vous jugerez que c'est luy qui a injustement occupé le bien du Roy comme font plusieurs autres qui se fient plus du suport que de leur bon droict, comme vous dira le présent porteur lequel j'envoye tant pour cest affaire que plusieurs autres concernant le dommaine de Sa Majesté, vous suppliant très humblement le vouloir escouter et luy faire faire response sur les memoires que je luy ay baillez.

Madame, je prie Nostre Seigneur vous donner en très bonne santé heureuse et longue vye.

De Bourdeaux ce dernier jour de septembre 1566.

Vostre très humble et très obéissant serviteur

Monluc, evesque de Valence.

VII.

Lettres de relief d'appel comme d'abus obtenus par l'évêque de Valence.

Bibliothèque impériale. Collection Gaignières, tome 341, p. 223.

Charles par la grace de Dieu roy de France à nostre huissier ou sergent royal sur ce requiz. Nostre amé et feal conseiller en notre privé conseil messire Jehan de Monluc, evesque de Valence, nous a faict entendre que dez l'an 15xlxij il se seroit acheminé pour aller au concile de Trente où il estoit appellé tant par le commandement que nous luy avions faict d'y aller que pour le debvoir de sa charge, et aussi qu'il avoit de long temps desiré de veoir telle assemblée où il pensoit apporter et proposer, selon la grace que Dieu luy en auroit faicte, quelque chose qui peult estre eussent servy à pacifier les troubles qui sont en la chrestienté pour la diversité de la religion. Mais seroit advenu et à son grand regret que comme il estoit à Thurin sur le point de s'embarquer auroit esté adverty que le pape Pie quatriesme qui pour lors vivoit auroit envoyé ung homme exprez pour empescher qu'il n'allast audict concile, et par mesme moyen luy faire commandement de venir à Rome respondre par devant l'inquisition, chose que ledict exposant dict estre du tout inusitée, car oultre qu'il ne fut jamais oy ny entendu qu'estant le concile ouvert il aye esté defendu à ung evesque de s'y trouver et encore moingz aye esté accoustumé de l'appeller ailleurs pour respondre de ce qu'il se doibt traicter audict concile, estoit manifestement nous faire tort à nous qui avyonz choisy, esleu et deputé ledict exposant comme les aultres evesques de nostre royaume. Dict aussi que c'estoit rompre et revoquer le sauf conduict qui avoit esté donné et publié pour tous ceux qui se vouldroient presenter en ladicte assemblée, à cause de quoy voyant ledict exposant que ceste procedeure pourroit rapporter beaucoup de scandalle à la chrestienté et que d'icelle quelques ungs vouldroient tirer argument d'invalidité dudict concile et inferer par son exemple qu'il n'auroit esté faict avec la liberté requise et necessaire : il ayme mieulx avoir esgard au bien public qu'à l'injure privée et delibere ne publier lesdictes procedeures comme aussi il seroit retourné par devers nous sans nous faire aultre plaincte que pour nous rendre raison pourquoy il n'auroit esté ou nous l'avions envoyé et pensoit que sa patience deust convier ceux qui avoient faict lesdictes procedeures ou de les moderer ou du tout les revocquer, mais au contraire seroit advenu que bientost aprez il fut adverty bien que par rumeur incertaine qu'il estoit poursuivy à Rome par devant les inquisiteurs qui fut cause que par devant nous et nostre conseil il interiecta ung appel contenant deux chefs. Par le premier nous remonstra que par les conciles de l'eglise mesmes par l'ung des quatre generaulx il est expressement ordonné que les evesques pour quelque crime que ce soit ne doibvent estre tirez hors de leur province, par quoy à plus forte raison il maintenoit ne pouvoir estre tiré horz nostre royaulme mesmes au temps que comme dessus est dict le concile estoit ouvert, et que du jour qu'il s'estoit acheminé pour y aller il estoit soubz nostre protection et dudict concile, et pour ce chef appella le dict exposant au premier concile general legitimement assemblé. L'aultre chef de son appel contenoit que de toute antienneté l'eglise gallicane a tousiours gardé les antiens canons et determinations des premiers conciles de l'eglise, laquelle observation des antiens canons ainsi inviolablement conservée a esté appellée privillege de l'eglise gallicane et que à cela avoient tenu la main les royz nos predecesseurs avec leur autorité, si bien qu'ilz n'ont voulu advouer que lesdits privileges ayent esté violez, revocquez ne miz en dispute, et pour ce chef auroit pour lesdictes procedeures des lors par davant nous appellé comme d'abuz; ce neantmoingz a esté adverty despuis naguieres que à Rome s'est faict publication d'une sentence contre luy portant condamnation par contumace et note d'heresie avecques confiscation de ses biens feudaux et roturiers sanz qu'il aye esté cité, adjourné ni aucunement appellé, chose que pareillement il maintient n'avoir jamais esté pratiquée ny entendue que ung homme non appellé non ouy ny deffendu puisse estre condampné pour crime que ce soit digne, encore moings seroit soustenable la confiscation contenue en ladicte sentence sur biens feudaux et roturiers attendu que en tous les pais de nostre obeyssance il n'y a que nous qui ait auctorité de confisquer les biens de noz subiectz. Nous auroit d'abondant declairé ledict exposant que l'archevesque d'Autun qui est son metropolitain auroit receu quelque escrit portant comission de faire publier et mettre ladicte sentence à entière exécution et qu'il se seroit persuadé faire, toutes lesquelles choses il nous auroit remonstré estre contraires tant aux sainctz et antiens conciles et dispositions canonieques que aux libertez et franchises de ce royaulme et église d'icelui et de grand consequence et prejudice à noz droitz et autorité, et partant ledict exposant, pour son droict et interest conjoinct au nostre et bien de nostre service, en adherant à son premier appel et tenant les deux chefs comme dessus a esté allegué, se seroit de nouveau en tant que besoing porté par ces presantes appellant comme d'abuz à nous et nostre cour de parlement de Paris des susdictes procedeures et de tout ce qui en est ensuivy, nous requerant luy octroyer sur ce nos lettres de provision.

Pour ce est il que nous consideranz combien telles choses appartiennent à nostre estat te mandons que tu ajournes inthimes respectivement en nostre dicte cour de parlement à certain brief et competant jour ceux qui se sont ingerez et entremis, se ingereront et entremestront de publier, executer fulminer ou denoncer telz pretenduz jugementz, decretz, mandemenz ou rescriptz, et ce de quelque dignité ou qualitez qu'ilz soient pour veoir dire et declairer l'execution desdicts jugements, rescriptz et mandements nulle et abusive et sur ce respondre audict exposant de tous despenz, dommaiges et interestz en leurs propres et privez noms, et neantmoings mandons et comettons par ces presentes aux gens de nos parlemenz et autres noz juges, justiciers et officiers si comme à eulx appartiendra requiz, seroit qu'ilz fassent defense auxdictz executeurs de ces sentences, jugemenz et rescriptz et tous autres ministres qui leur seront denommez ou apparoistront de ne proceder ou passer oultre à la dicte execution desditz rescriptz ou mandemanz, si où ilz attenteroient de ce faire ilz les arrestent et constituent en prison close de serrure jusques à ce que nous en ayons esté advertiz leur ayanz sur ce faict entendre nostre plaisir et volunté. Mandonz aussi et commettonz par ces presentes auxdictz juges et officiers de faire exprès commandement aux chapitre clergé dudict diocese dudict exposant de ne recepvoir ny obtemperer à tels escriptz ou mandemenz impetrez ou à impetrer sanz avoir premiement sur ce entendu de nous nostre volunté et intention sur peyne de saisye de leur temporel et autres peynes grandes s'il y eschet. Oultre voullons que si par inadvertance ou advertance il s'en trouvoit aucune chose evoquée en nostres cortz de parlement et sieiges en ce royaulme des courtz ecclesiastiques, chapitres ou communaultez de ce royaulme, il soit promptement rayé et dechiré, car tel est nostre plaisir, nonobstant quelconque ordonnance, mandemenz et lettres à ce contraires.

Donné à Saint Germain en Laye, le deulxiesme jour de juillet l'an de grace mil cinq cent soixante sept et de nostre regne le septiesme.

Signé par le roy en son conseil,
ROBERTET.

VIII

Bibliothèque impériale. Mélanges Clairambault, tome 258, p. 123.

Jehan de Monluc, evesque et conte de Valance et Dye, Loys de Sainct-Gelais, seigneur de Lanssac, chevalier de l'ordre du Roy, chambelain ordinaire, cappitaine des cent gentilzhommes de sa maison et ayant pouvoir de S. M. de commander à presant en ceste ville de Bourdeaulx et pays de Guyenne, et Anthoine Escalin sieur et baron de Lagarde aussi chevalier de l'ordre dudict sieur et général de ses gallères et armées de mer, conseiller en son conseil privé, à maistre Jacques Moussi commis à recepvoir les deniers de convoy en ceste ville de Bourdeaulx, nous vous mandons et ordonnons que vous fornissiez et deslivriez comptant a Charles de Bonnefont, commis de maistre Henry Seuret, tresorier de la marine tous et chascun les deniers qui sont ou doibvent estre de reste en vouz mains provenant dudict convoy jusques au premier jour du presant moys de janvier pour estre par luy employez ainsy qu'il luy sera cy après ordonné et rappourtant par vous quictance dudict de Bunefont sur ce suffizantes qu'il randra comptable au Roy desdictz deniers tout ce que luy aurez baillé et destiné d'iceulx sera passé et aloué en vostre despanse dudict convoy par tout où il appartiendra.

Faict à Bourdeaulx soubz noz seingz et seelz le quinziesme de janvier mil cinq cens soixante-dix.

Monluc, ev. de Valance.

Loys de St-Gelays, à Escalin (1).

IX

Au Roi.

Bibliothèque impériale. Fonds Saint-Germain Harlay 323, f° 284.

Sire,

Il a deux ans completz que je suis par deça et pourray dire qu'ilz m'ont duré douze pour y avoir porté plus de peine et souffert plus d'ennuy qu'en lieu ou j'aye jamais esté employé pour vostre service et comme je pensois m'en retourner pour vous aller rendre compte de ce qu'estoit passé par mes mains j'ay receu les lettres qu'il vous a pleu me faire escrire du xviie du passé par lesquelles vous me commandez d'attendre la venue de Monsieur le marquis de Villars pour l'instruire de ce qui sera venu en ma cognoissance qui pourra servir à la charge que vous luy avez donnée. Surquoy, Sire, comme je feray toute ma vye en toutes choses, je suyvray vostre intention.

Bien est il vray que j'auray bientost faict, car si ledict sieur marquis veult rechercher les choses passées pour remarquer à l'advenir

(1) Antoine Escalin des Aimars, baron de La Garde, plus connu sous le nom du capitaine Poulain ou Paulain, était né dans le petit village de La Garde-Adhémar, près de Saint-Paul-Trois-Châteaux (Dauphiné). Brantôme (*Hommes illustres et grands capitaines françois*, t. I, p. 400–402 de l'édition du *Panthéon littéraire*) a donné beaucoup de détails sur lui. Voici comment il termine l'éloge qu'il lui a consacré : « Enfin il est mort ayant laissé plus d'honneur à ses héritiers que de biens, et en l'aage de plus de quatre-vingts ans ; et si ne se monstroit trop vieux, retenant encore quelque belle et bonne grace et apparence du passé, qui le faisoit très admirer à tout le monde avecques ses beaux contes du temps passé, de ses voyages, de ses combats, qui ont esté si frequens et assidus, que les mers de France et d'Espaigne, d'Italye, de Barbarie, de Constantinople et de Levant, en ont longuement résonné : encor croy-je que les flots en bruyent le nom. » Voir, de plus, une note de l'*Introduction* aux *Lettres inédites de François de Noailles*, p. 5, et, avec la notice du P. Anselme (t. VII, p. 929), un article du *Dictionnaire critique* de M. Jal.

ceulx qui se sont si lourdement licentiez, j'en ay plus de memoires que quatre commissaires n'en sçauroient recueillir dans six mois et en auroiz davantaige n'eust esté que j'ay contremandé beaucoup de communautez qui s'acheminoient pour me venir trouver pour me presenter les cahiers de leurs plainctes. Mais ils seront tousiours prestz de revenir si l'on en a besoing. Si ledict sieur marquis veult rien entendre de moy pour l'advenir, il n'en a pas grand besoing et peut estre du tout point, car, oultre que de soy mesme il cognoist ce pays aultant que je pourrois faire, il trouvera que tout le monde y est en paix et qu'avecques mil hommes d'armes; d'aultant que soubdain que j'entendis la publication de la paix à Bourdeaulx et que Monsieur de Monluc estoit à l'extremité de maladie, je feiz commandement à tous les cappitaines de ployer leurs enseignes, à quoy les ungs obeyrent par amour, les aultres qui faisoient les retifz se retirerent aussi de poeur que le peuple qui vouloit joyr du benefice de la paix ne s'eslevast et ne luy courust sus, de sorte que je puis dire avecques la verité avoir pour ma derniere main espargné a voz subiectz qui sont par deça deux cens mil escuz qu'ilz eussent despendu pour l'entretenement des genz de guerre qui sans moy ne se fussent retirez que vous n'en eussiez ordonné, ou pour le moings donné advertissement audict sieur de Monluc; et quant est aux finances Maliac est par delà qui en pourra respondre. Quant est à ma part je vous ay adverty despuis six mois que en une seulle comté l'on levoit quarante mil francz par moiz pour la contribution de la gendarmerye et que si aucun se vouloit ingerer à lever les denierz de la taille il estoit constitué prisonnier contrainct de rapporter l'argent à la contribution non à vostre recette. Semblable oppression se faisoit en touz les endroitz de ceste province. Cependant j'ay faict veoir et examiner les comptes des recepveurs particulliers; mais ayant entendu que quelques ungs de la chambre des comptes sont depputez pour ce faict je remettray le tout à leur dilligence et apporteray avecques moy ce que j'en avoiz faict sans aucunz fraiz ny taxes de commissaires; et quant aux exemptions des tailles qu'il vous a pleu accorder à quelques ungz de ce paiz, vous avez fait ung œuvre digne de vostre grandeur et de vostre bonté, mais s'il vous eust pleu en demander tesmoignaige à ceux qui estoient bien informez de la pauvreté des ungz et des aultres peult estre eussiez vous mieulx employé vostre aumosne, car il est certain que les plus aisez et moings foullez ont esté les premiers à se plaindre de poueur que on ne les surchargeast pour ceulx qui sont entierement ruynez. Il me reste,

Sire, à vous remercyer tres humblement de ce qu'il vous a pleu me faire respondre par le sieur de Fontenilles pour lequel beaucoup de genz de bien et qui sont du mestier vous donneront semblable tesmoignaige que j'ay faict.

Sire, je prye Nostre Seigneur vous donner en tres bonne santé tres grande prosperité tres longue vye.

De Condom, ce XXIIe jour d'octobre 1570.

Vostre tres humble et tres obeissant serviteur et subiect,

Monluc, e. Valance.

X

Response faicte par l'evesque de Vallance sur la requeste présentée à Messieurs de la Court de parlement par M. l'archevesque de Bordeaulx.

12 avril 1570.

Bibliothèque impériale. Collection Gaignières, tome 341, p. 220.

Dict en premier lieu que l'arcevesque de Bordeaulx *abundat otio* et ne sçait à quoy s'occuper pour qu'en ce temps où les hommes, tant soient ils peu utilles, s'emploient à servir à quelque chose, il luy prand le loisir d'escripre tant de requestes, tant de recuzations et libeaux diffamatoires avec mal contantement et offance de beaucop de gens de bien, et ce pour favoriser ung homme qu'il ne congnoist que depuis quatre mois, et en cella veult il monstrer qu'il a l'entandement de desfandre une bonne cause, s'il vouloit l'entreprandre puiz qu'il se formalise au grand mespris de la court pour une cause qui ne peult estre soustenue ny trouver aide que inicque, téméraire, sans fondement, si ce n'est sur l'assurance qu'il dit avoir du credit de la Godine; et s'esbahit aussi l'evesque de Vallance que en ce miserable temps où les plus genz de bien sont les plus empeschés à se garder d'ennemyz, l'archevesque s'ennuyant du bon temps que Dieu luy a donné, met peyne tous les jours de rompre ses antiennes amytiés et acquérir nouvelles inimitiés, et ne sçait de quel esprit il a esté poulsé de se déclarer son ennemy qui ne luy en donna jamais occasion, mais au contraire la court sera memorative que toutes les fois que son nom a esté mentionné en la dicte court en présence du dict evesque il en a parlé avecques tel honneur et tel respect, comme il eust peu faire d'ung des plus grands hommes de France.

Bien pourroit il estre que le mal vient de ce qu'autresfois le sieur de Sansac et la dame sa femme auroient esleu ledict evesque pour arbitre contre ledict archevesque, qui s'estoit tant oublié que de vouloir injustement et sans propoz calompnier ladicte dame, ayant mis en oubly que la dicte dame de Sansac par ses peynes et recommandables services l'avoit eslevé et agrandy, et cella pourroit bien estre cause que ledict archevesque qui oublie plustost les bienfaictz que les malcontentemenz qu'il recoit, luy vouldroit mal et cecy soit dict non pour l'accuser ni le diffamer, mais pour randre raison à la court d'où peult venir une inimitié qui en apparance n'a aulcun fondemant.

Au commancemant de la requeste le dict archevesque dict estre appelant de la poursuitte que la court faisoit d'ung pacquet du Roy qui estoit esgaré, et pour advouer avoir ledit pacquet.

Il ne mérite en cella autre responce, sinon que puisqu'il s'est porté pour appelant de ce que la court demandoit lesdictes lettres du Roy à ceulx qui en estoient chargez, il monstre que son conseil n'a guères bien estudyé et adjoustera ce mot qu'il ne sçait s'il y a quatre hommes en France qui eussent osé de leur autorité retenir ung pacquet du Roy adressant à une court de parlement.

Dict puis aprèz que le dict président de Rossignac, bien qu'il feut mal dispozé, soit expressément venu au palais pour le faict desdictes lettres à la persuasion dudict evesque (1).

Responnce. C'est une calomnie malitieusement inventée, car ledict président n'estoit si mallade qu'il n'ayt coutume tousjours depuis d'aller au pallais les matinées et après-disners.

Dict que l'evesque de Vallance possède les trois présidens. Respond qu'il accepte l'honneur que ledict archevesque luy faict pourveu

(1) Gabriel de Lurbe (*Chronique bourdeloise*, à l'année 1557), s'exprime ainsi : « Christophle de Rossignac, président en la cour, met en lumière ses livres en matière bénéficiale. » Dans le *de illustribus aquitaniæ viris*, le même érudit nous le montra versé en toute science, *in omni scientiarum genere versatus*, et il cite de lui, outre le *de jure pontificio*, une espèce d'histoire universelle. La Croix du Maine (*Bibliothèque françoise*) a rappelé que François de Belleforest « fait fort honorable mention de lui, en sa *Cosmographie*, au lieu où il écrit de Limoges. » Dom Devienne dit (p. 169) de ce second président du parlement de Bordeaux, mort, d'après lui, peu de jours après le 12 novembre 1571 : « Nous avons eu occasion de parler de son zele contre les religionnaires. C'est sans doute à cette occasion que Bèze, dans son *Histoire ecclésiastique*, a si fort décrié ses mœurs. On ne peut nier au moins que ce magistrat n'ait été fort éclairé. »

que les sieurs présidenz se veuillent accorder, mais aussi fault il qu'il confesse si son dire est véritable, que l'on estimera quelque chose de bon d'un evesque s'il a peu gaigner en si peu de temps le cœur de tant de gens de bien, comme aussi le prenant au contraire trouvera l'on estrange que le sieur archevesque en tant d'années et avec tant de moiens n'ait sceu garantir l'ung des cinq présidens pour amy.

Dict que le dict evesque a tenu quelques propos à la cour qu'elle ne debvoit endurer.

Respond qu'il ne sçait que c'est, mais que si la court s'en plainct, il sera tousjours prest à reparer sa faulte, et non poinct d'appellation, de récusation ni de libeaulx diffamatoires, comme faict ledict archevesque en chose qui ne luy touche.

Dict que ledict évesque a commandé au greffier de la court d'escripre quelque chose sanz qu'il luy en aye esté faict aulcune remonstrance.

Respond qu'il ne sçait que c'est, bien veult faire ce plaisir audict archevesque de luy apprandre qu'il n'y a conseiller, s'il a à dire quelque chose à la court, qui luy concerne et dont il veult que la mémoire en demeure, qui ne demande que le greffier prengue son dire.

Et quant à la remonstrance qu'il se plainct n'avoir esté faicte,

C'est à la court à luy respondre. Bien dira en passant que si la court eust faict quelque remonstrance audict evesque, elle l'eust trouvé aussi docille comme elle a trouvé ledict arcevesque incapable d'admonestement et résolu de ne rien faire si non ce que bon luy sembleroit pour remonstrance qui luy ayt esté faicte.

Puis dict que le seigneur de Lanssac est trouvé en mesme faulte sans que la court en aye faicte aulcune remonstrance.

Respond ledict evesque que si ledict archevesque continue à prandre la peyne à remarquer les faultes que faict ladicte court et ledict sieur de Lanssac et les instruise sellon l'expériance que Dieu luy en a donnée, l'on peult espérer que les affaires publicques s'en porteront mieux et qu'il acquerra le nom d'estre ung grand réformateur.

Parle puis après de quelques lettres obtenues par ledict sieur de Lanssac qui despuis ont esté abrogées pas autres lettres signées de la propre main du Roy.

Respond ledict evesque que le langage dudict archevesque est trop haut et abondant en termes exquis comme est ce mot de lettres abrogées qu'il dira en passant que ledict arcevesque ne sçauroit monstrer lettres du Roy en ladicte abrogation et révocation.

Dict puis apres que le sieur de Vallance a conceu inimitié contre luy et contre ses prédicateurs.

Respond à cella qu'il panseroit estre indigne d'estre evesque s'il vouloit mal à personne et prandra ledict arcevesque s'il luy plaict cete sentence pour luy mesmes, s'il est trouvé en cete faulte.

Et quant à ce qu'il dict que ledict evesque est marry de quoy le trouppeau dudict arcevesque n'est aussi desvoyé que le sien, à quoy il s'estudie tant par paroles que exemple de vie,

Respond qu'il ne sçait si l'arcevesque, usant de ce mot de trouppeau, entand parler de quelque trouppeau de brebis, de moutons ou de pourçaulx, car s'il entand ce mot de trouppeau du peuple qui est soubz sa charge, il est si modeste ou pour le moins le doibt-il estre, qu'il ne vouldroit dire mon trouppeau, et qu'il ne luy a rien cousté, mais useroit de ces motz: le trouppeau de Dieu ou du grand berger qui l'a racheté lequel j'ay charge d'instruire et luy prescher la parolle de Dieu et administrer les sainctz sacremenz et duquel je doibs randre compte sur le péril et perte de mon ame, mais à tout événement si d'avanture il appelle les ames siennes comme ses oyseaulx,

Respond ledict evesque qu'il luy faict tort de luy reprocher la calamité du temps et que c'est comme par tout ce royaulme et si la ville de Vallance et son diocese ont esté occupés, semblable reproche pourroit l'on faire à plusieurs autres evesques qui n'ont moien de rentrer ne en leurs villes ne en leurs dioceses, et si ledict trouppeau est en bons termes, il en fault donner la louange après Dieu au sieur de Montluc, lieutenant du roy, qui a faict poser les armes à ceulx qui les vouloient prandre, et aussi à la vigilance et prevoiance de la court de parlement, et peult bien considérer ledict arcevesque qu'il a esté bon besoing que autre que luy s'en soit meslé, attandu qu'il n'est encores monté en cheyre pour instruire ce trouppeau qu'il dict estre si bien conduict, mais à baillé sa charge a ung qui a esté chassé de plusieurs bonnes villes pour bouffon, ignorant et séditieulx, et sçait l'on bien comment les bénéfices sont dignement distribués, comme aussi peult bien panser ledict arcevesque de quelle conséquance est en ce temps icy d'endurer qu'en la plus part de ses cures il n'y réside aulcun curé ny que les visite une fois l'an, tellement que les plainctes en sont faictes souvant à la court qui n'oze luy en faire remonstrance, de peur d'appellations, récusations et libeaulx diffamatoires.

Et quant à ce qui touche la vie et les parolles dudict evesque

Respond qu'il est aysé à juger de ses parolles desquelles il en a esté faict recueil par des livres qui sont esté imprimez comme une cinquantaine de ses sermons, l'explication des douze articles de la foy et de l'oraison dominicalle, et une instruction chrestienne pour l'administration des sainctz sacremenz et une réformation du clergé en latin tirée des sainctz concilles de l'eglise, lesquels livres ont esté imprimés à plusieurs fois en beaucoup de bonnes villes de ce royaulme et mesmes en Avignon qui est terre du pappe et en Flandres ou ilz ont esté traduictz en langue flamandre, et ne sçait ledict evesque si en toutes les parolles dudict arcevesque l'on en pourroit recueillir quatre lignes de chose qui méritast le publicq par escripts, mais il se metra à escripre quand il lui plairra, et nous verrons de quelles parolles il se sçait si bien ayder qu'il puisse controller les autres.

Et quant à sa vie qu'il a aussi voleu taxer (1),

Respond que dès l'entrée de sa jeunesse il a esté emploié aulx affaires publicques et depuis tousjours a continué au service de qua-

(1) L'archevêque de Bordeaux voulait-il faire allusion aux bruits qui ont été, un siècle plus tard, recueillis par Burnet?

Ecoutons Bossuet (*Histoire des variations des églises protestantes*, tome VII de l'édition in-4° de Gaume, Paris, 1846, livre VII, p. 118) : « Il est vrai qu'il ne faut pas compter beaucoup sur les louanges que M. Burnet donne aux héros de la réforme, témoin celles qu'il a données à Montluc, évêque de Valence. « C'étoit, dit-il, un des plus sages ministres de son siècle, toujours modéré dans les délibérations qui regardaient la conscience, ce qui le fit soupçonner d'être hérétique. Toute sa vie a les caractères d'un grand homme; et l'on n'y saurait guère blâmer que l'attachement inviolable qu'il eut durant tant d'années pour la reine Catherine de Médicis. » — Le crime sans doute était médiocre, puisqu'il devait tout à cette princesse, qui d'ailleurs était sa reine, femme et mère de ses rois, et toujours unie avec eux; de sorte que ce prélat, à qui on ne peut guère reprocher que d'avoir été fidèle à sa bienfaitrice, doit être, selon M. Burnet, un des hommes de son siècle des plus élevés au-dessus de tout reproche. Mais il ne faut pas prendre au pied de la lettre les éloges que ces réformés donnent aux héros de leur secte. Le même M. Burnet, dans le même livre où il relève Montluc par cette belle louange, en parle ainsi : « Cet évêque a été célèbre, mais il a eu ses défauts. » Après ce qu'il en a dit, on doit croire que ces défauts seront légers; mais qu'on achève, et on trouvera que ces *défauts qu'il a eus*, c'est seulement de *s'être efforcé de corrompre la fille d'un seigneur d'Irlande qui l'avait reçu dans sa maison*; c'est d'avoir eu avec lui une *courtisane anglaise qu'il entretenait; c'est* que cette malheureuse ayant bu sans réflexion le précieux baume dont Soliman avait fait présent à ce prélat, « il en fut outré dans un tel excès, que ses cris réveillèrent tout le monde dans la maison, où l'on fut ainsi témoin de ses emportements et de son incontinence. » Voilà les petits défauts d'un prélat dont toute la vie a les *caractères d'un grand homme!* La réforme, ou peu délicate en vertu, ou indulgente envers ses héros, leur pardonne facilement de semblables abominations; et si, pour avoir eu seulement une légère teinture de réformation, Montluc, malgré de tels *crimes*, est un homme presque irréprochable, il ne faut pas s'étonner que Cranmer, un si grand réformateur, ait pu mériter tant de louanges. »

tre Roys en charges grandes et honnorables, ausquels ledict arcevesque faict plus de tort qu'audict evesque, ozant entreprendre de scandalizer ung personnage de qui ilz se sont si longuement serviz et mesmes que à présent il est emploié pour le service de Sa Majesté en la présente ville et en toute cete province, et n'usera pour le présent de récrimination, et luy suffira de dire qu'il n'a pas couru la bague devant ceulx qu'il doibt instruire, comme a esté faict par deça et ainsi qu'il est noutoire au grand escandalle de tous les spectateurs qui trouvent estrange de voir ung homme si sage la lance au poing. Il n'est pas aussi allé à la chasse pourtant des oysaulx sur le poing et sur le bras comme ung faulconnier de village et gastant les terres de ce pouvre trouppeau (1).

Dict puis après qu'il s'oppose que la court n'envoie personne par devers le Roy.

A quoy ledict evesque pour toute responce jugera que de trois mots *risum amici tenete* s'il falloit adjouster quelque chose l'on pourroit dire : *Satis quidem pro imperio*, et en cela comme en toutes autres choses monstre il comme il est bien conseillé.

Et quant à ce qu'il requiert que ledict evesque soit tenu pour recusé,

Respond qu'il se remect à la discrétion de la court et déclaire qu'il sçauroit bien estre juge dudict arcevesque, mais qu'il ne le vouldroit pas estre, car il se contante de l'avoir esté une fois, et l'arcevesque vouldroit bien estre juge de l'evesque, mais luy fauldroit trop de conseil.

Et quant est au reste de la requeste concernant le faict du procureur général du Roy,

(1) Bayle (*Dictionnaire historique et critique*) dit dans une note de l'article qu'il consacre à Pierre de Quiquéran, évêque de Sénez au XVIe siècle : « La coutume » pouvait excuser en quelque façon notre prélat de se divertir à la chasse, car c'était » un exercice que plusieurs évêques se donnaient en ce temps-là, sans se souvenir » que les canons le défendent. Voyez l'Extravagante *de clerico venatore*. » Dans le XVIIe siècle, le même abus existait encore. « L'un des moines qui écrivaient con- » tre l'évêque de Belley, continue Bayle, insinue que les oiseaux et les chiens de » chasse coûtaient beaucoup aux évêques. Voyez l'*Anti-Basilic* de M. Camus, évê- » que de Belley, p. 550, 551. » Je trouve ici l'occasion de citer les premières lignes de l'éloge fait de Mgr de Sansac par La Colonie dans son *Histoire curieuse et remarquable de la ville et province de Bordeaux* (3 vol. in-12, 1760, t. I, p. 515-518 : « Il ne sera pas mal à propos de rapporter ici en abregé la vie mémorable d'Antoine Prévost de Sansac, distingué par sa naissance, mais beaucoup plus par ses rares vertus, digne imitateur de celles de l'archevêque Pey Berland. »

Respond ledict evesque que cella ne lui touche poinct. Bien dira en passant, que l'inimitié et animosité dudit arcevesque contre ledict procureur est cause d'une grande partie du trouble de cete ville, et mesmes que pour sa vengeance particulière, il n'a cessé de luy cometre(?) des ennemys pour l'empescher en l'exercice de sa charge, et ne peult nyer ledict arcevesque qu'il n'en aye sollicité ledict evesque de Vallance, il y a ung an, et prié de luy estre ennemy, et sera d'icy en avant prié ledict arcevesque de recongnoistre et confesser qu'il n'est cogneu de personne, si non depuis le tempz que son frère (1) par ses peynes, par sa vertu et son labeur, la eslevé, faict abbé, et depuis arcevesque, et que jusques aujourdhuy n'a il faict aulcune demonstration de vouloir servir au publicq, et quant il le vauldroit faire il y a dangier qu'il ne sçauroit, par (ce) qu'ils l'ont commandé pour n'y avoir pas esté nourry ny appellé au temps quil falloit apprandre. Pour cette cause sera il tousjours reprins de ce que sans aulcune occasion il a troublé ledict evesque en la charge qu'il a pleu au roy luy donner pour son service, et luy eust esté mieulx séant d'emploier ses amyz, dont il dict avoir si grand nombre, à moienner que le roy en ce tempz plain de necessitez, feut secoureu par ses subjectz, mais tant s'en fault qu'il s'y soit voleu emploier non pas seulement d'unne parolle, que bien qu'il sache que en toutes les autres dioceses, le roy y a esté libérallement secoureu qu'il n'a pas voleu endurer que en la sienne il ayt esté vandu pour ung seul denier des biens des ecclésiastiques, et enfin c'est ung grand serviteur du roy mais qu'il ne faille pas metre la main à la bourse.

Ledict evesque supplie tres humblement la court de l'excuser si en ceste responce y a de prolixitez et peult estre que queleun dira qu'il y a eu de l'aigreur et sera bien de cet advis ledict arcevesque, auquel luy sera respondu par des parolles (dont) a usé ung autheur antien duquel peult estre ledict arcevesque n'ouyt jamais parler. Si quis est qui dictum in se inclementius existimat esse, sic existimet, sciat responsum, non dictum esse quia læsit prius. Respondere volui, (non) lacessere. Benedictis si certasset, audisset bene. Quod

(1) Voir sur ce frère de l'archevêque de Bordeaux, G. de Lurbe, *de illustribus Aquitaniæ viris*, qui dit notamment de lui: *Fuit autem Sansacus vir sine fuco, et ab omni ambitione alienus* (p. 123), les *Commentaires* de Blaise de Monluc, tome I, p. 330, et surtout Brantome, *Hommes illustres et grands capitaines françois*, p. 348 du tome I de l'édition du *Panthéon littéraire*. Brantome vante beaucoup ce « bon, vaillant et sage capitaine, » qui n'avait guère qu'un défaut, celui d'être toujours en colère. Sa constante mauvaise humeur ne l'empêcha pas de mourir octogénaire.

ab ipso allatum est, sibi esse id relatum putet, igitur ut quiescat moneo et desinat maledicere maledicta ne noscat sua (1).

Et quant à la réparation que ledict evesque pourroit demander contre l'arcevesque qui l'a troublé faisant le service, et l'a injurié scandaleusement, il s'en rapporte à la discrétion et bon jugement de la court, qui sçaura bien arbitrer la peyne que l'arcevesque peult avoir meritée.

Presentée à la cour le XIIe dapvril MV^c^LXX.

XI

A Catherine de Médicis.

Bibliothèque impériale. Collection Colbert dite des 500, tome 7, p. 429.

Madame, j'avoiz à ce matin faict une depesche pensant la vous (2) envoyer par ung de mes genz comme m'avoyt esté promis par Monsieur de ...., mais d'aultant qu'il ne l'a voulu faire pour

(1) Cette citation est tirée de trois prologues de Térence. Je rétablis, d'après le texte adopté par M. Victor Bétoland (*Bibliothèque latine-française*, Garnier, 1864), les vers qui précèdent l'*Eunuque*, le *Phormion* et l'*Andrienne* :

> Tum si quis est, qui dictum in se inclementius
> Existimarit esse, sic existimet
> Responsum, non dictum esse, quia læsit prior.

Si certain auteur trouve que l'on a parlé de lui trop durement, il voudra bien considérer que l'on se borne à lui répondre, et qu'on ne l'attaque point ; il a été le premier offenseur. (L'*Eunuque*, p. 297.)

> Hic respondere voluit, non lacessere.
> Benedictis si certasset, audisset bene.
> Quod ab illo adlatum est, sibi esse id relatum putet.

Il n'a voulu que lui répondre sans être l'agresseur. Si l'autre avait fait assaut de bonnes paroles, il se serait entendu traiter avec bienveillance. Ce sont les coups portés par lui qui lui sont rendus en ce moment : qu'il le sache bien. (Le *Phormion*, p. 408.)

> Dehinc, ut quiescant, porro moneo, et desinant
> Maledicere, malefacta ne noscant sua.

Je les invite donc à se tenir désormais tranquilles et à cesser leurs méchants propos, s'ils ne veulent pas qu'on leur fasse voir clairement leurs sottises. (L'*Andrienne*, p. 8.)

Toutes les citations de Monluc montrent qu'il plaisantait quand il écrivait de Pologne à Brulart, le 20 janvier 1573 : « Toute la suite de Monsieur de l'Isle et moy n'avons pas tant de latin qu'il faudroit pour envoyer ung diacre aux ordres, encores que ce fust au Puy en Auvergne. » (*Henri de Valois*, t. III, p. 224).

(2) Partout dans cette lettre le B est mis pour le V, suivant l'usage gascon. J'ai cru devoir rétablir partout l'orthographe usuelle.

lorz, j'ay trouvé moyen de faire sortir ung homme qui m'a promiz d'aller jour et nuict et en diligence pour vous porter ladicte depesche, où il y a des lettres pour vous (Madame) pour le Roy et pour Monseigneur, le contenu desquelles porte qu'ung soliciteur de l'avesque de Verdung appellé Macéré m'a faict mener prisonnier en ceste ville, sanz montrer aulcung pouvoir, et asseurer plus hardiment son authorité que si c'estoyt un mareschal de France, et qui plus est asseurer que je suiz l'ung de ceux que le roy veult encores faire tuer, et m'est un langaige qui me donne beaucop de poyne non tant pour la perte de la vye que je ne doibz pas ormais estimer beaucoup mais pour le regret que je doibz avoir que Sa Majesté m'estime meschant et rebelle, et en cela puis-je dire devant Dieu que je recepvrois ung tort le plus grand qui fust jamais faict à gentilhomme de France, car il ne se trouvera point que j'aye jamaiz faict, dict ny pensé chose qui soyt contre le service de Sa Majesté, et s'il m'estoyt advenu je n'en demanderoiz ni grace ni pardon, car j'ay tousiours faict profession de rendre à Vos Maiestez et à Messeigneurs ses freres l'entiere obéissance; et oultre de cela mes ennemyz confesseront qu'ilz ont tousiours cogneu en moy une particuliere affection à exposer ma vye pour voz grandeurs et prosperitez, et pourroit on dire que ce seroit une fort mauvoise récompense des services continuez trente-huict ans sanz aulcune interruption. Mais je ne croirey jamais qu'une telle résolution puisse sortir d'ung prince si bon, si saige et si advisé que cesluy la, et mesmes qu'il m'a honnoré de son bon œil despuis qu'il est sorty du berceau aultant que quelque autre que ce soyt de voz subiectz, et encores croirey-je moinz que vous (Madame) qui faictes du bien à ceux qui vous font du mal ou pour le moinz qui vous en désirent vous ayez peu consentir la mort honteuse d'ung gentilhomme qui despuis que vous estes en France a tousiours faict démonstration d'estre vostre tres humble et tres affectionné serviteur. Je vous supplie doung ne vouloir faire cognoistre à ung chascun que le Roy ny vous ne m'estimez ny me tenez ny pour traistre ny pour rebelle, et que je puisse vivre soubz vostre protection en quelque maniere que vous ordonnerez le peu de temps que Dieu me vouldra retenir en ce monde. Et quant au voyage où je m'estois acheminé je suiz trop pluz sain que je n'estois au partir de Paris et bien deliberé de vous faire quelque notable service, et là où vous auriez changé d'opinion, je vous suplie tres humblement me commander ce que je doibz devenir, et vous cognoistrez qu'on ne me peult rien commander à quoy je n'obéisse voluntiers.

Madame, je prye le Créateur vous donner en parfaicte santé très longue et très heureuse vye. De Verdung, ce premier septembre 1572. Vostre très humble et très obéissant serviteur,

Monluc, ev. de Valence.

XII

A M. Bruslart (1).

Ibid., p. 447.

Monsieur, par la depesche que je fais au Roy et par ce que vous dira le doyen de Die (2), vous entendrez comment ce malheureux vent qui est venu de France a reculé (3) le navire que nous avions ja conduict à l'entrée du port. Vous pouvez penser comment celluy qui en avoit la charge a occasion d'estre à jamais contant quand il voyt que par la faulte d'autruy il perd le fruict de ses labeurz. Je dicz faulte d'aultruy parce que (puisque) l'on avoit envye de ce royaulme, l'on pouvoit et debvoit surceoir l'exequution qui a esté faicte. Je sçay bien qu'on trouvera maulvaiz que j'en escripve si librement, mais puisque je me voy en dangier de m'en retourner avec ung reffuz je ne sçaurois en parler aultrement, et s'il y a quelque passion ce ne peult estre autre que celle que je doibz avoir, d'avoir perdu l'occasion de couronner mes longz et travaillez servicez. Je sçay aussi que l'on trouvera fort maulvais les moyens que je propose, mais aussi eussent-ilz trouvé maulvais que je m'en fusse

(1) Pierre Brulart, seigneur de Crosne et de Genlis, d'abord secrétaire des commandements de Catherine de Médicis, puis secrétaire d'Etat.

(2) Ce doyen du chapitre de Die était Bazin, de Blois, d'après M. Long (*La réforme et les guerres de religion en Dauphiné*, p. 12). Mais d'après le P. Griffet, qui est l'écho de Choisnin, le Bazin qui contribua à préparer l'élection du duc d'Anjou au trône de Pologne était un procureur du roi de Blois, portant le prénom de Jean. Le P. Griffet est d'accord, sur ce point, avec Echard : « Monlucio objecerunt quidam, quod elegantes quas habuit in suis legationibus, præsertim in comitiis Poloniæ, orationes, ei componeret quidam Johannes Basin, actor regius Blesensis, vir eximius et linguarum peritus, quem ideo duxerat, sed unde habent fuisse Monlucio tantarum partium viro peritiorem ? » Echard a bien raison d'ajouter que tout homme sensé refusera d'attribuer à Basin la paternité des discours prononcés par Jean de Monluc.

(3) Reculé et non coulé, comme on lit dans le livre de M. de Noailles (t. II, p. 125, et t. III, p. 218).

retourné sanz rien faire comme il me convenoit faire, car je ne suiz ny ange ny enchanteur. Je vous prie (Monsieur) advancer quelque petite parolle pour moy, et remonstrer, comme vous le pouvez faire, qu'au premier advertissement que j'eus de ce massacre je n'en escripviz à Leurs Maiestez ny bien ny mal, et ne l'eusse pas faict à ceste heure si je n'eusse veu qu'il le falloyt faire ou quitter toute esperance. Au reste j'ay baillé au présent porteur troiz cenz escuz pour le voyage devers Leurs Maiestez et aussi pour ung truchemant que je lui ay baillé polonoiz et qui parle bon allemant affin de luy passer ce royaulme et toute l'Allemaigne (et ne sera sanz grande peyne qu'il vous pourra dire). Je vous prie de me lez faire renvoyer par ledict doyen et l'avoir pour recommandé.

Monsieur, après m'estre bien affectueusement recommandé à vostre bonne grace, je prye Nostre Seigneur vous donner en santé longue vye. De Cogny (1), ce xx novembre 1572.

Monluc, év. de Valence (2).

XIII

A Catherine de Médicis.

Ibid.

Madame, l'envie que j'ay d'aller veoir et consoler monsieur le mareschal de Retz (3) m'a faict prendre la commodité qui s'est presentée seurement avec Monsieur le grand prieur qui m'en a aussi prié de son costé, et veulx bien esperer que mon voiage ne sera poinct inutille au service du Roy, car il y a de la besongne taillée pour y emploier beaucoup de gens de bien, et d'aultant que je suis agreable à toutes les parties. Je pourrois (peult estre) aultant y servir

(1) Cogny, c'est-à-dire Konin.

(2) Une partie de cette lettre avait été publiée par M. Charrière (note de la page 340 du tome III des *Négociations dans le Levant*). M. de Noailles en a donné deux éditions, une incomplète (t. II, p. 125), une autre complète (t. III, p. 218). Dans les deux éditions, le texte ne me paraît pas avoir été reproduit avec cette minutieuse exactitude sans laquelle une transcription n'a, pour ainsi dire, presque pas d'autorité. C'est pourquoi je conserve ici une copie absolument littérale.

(3) Albert de Gondi, duc de Retz, nommé, en 1573, maréchal de France, gouverneur de Provence. Il avait accompagné le duc d'Anjou en Pologne, et était un de ses plus grands favoris.

que nul aultre, et de là je passeray en Languedoc pour veoir Messieurs les Mareschaulx qui me verront aussy si voluntiers que pour le moins me donneront ilz audience sur ce que je leur proposeray pour le service de Voz Majestez. J'escripz au Roy qu'au partir de là, je m'en retourneray pour recepvoir voz commandementz, et m'estant advisé que je ne puis estre aultre que serviteur domestique de la Couronne pour avoir prescript ce privillege par l'espace de quarante ans et plus, je veulz aussy mesme privillege en vostre maison pour y avoir un estat tel que vouz vouldrez ordonner, quand ce seroit estat de serviteur extraordinaire et surtout je vous supplie très humblement continuer à me tenir soubz votre protection, comme vouz avez faict il y a trente ans, et que je sois congneu pour l'un de voz plus ancienz serviteurz.

Madame, je supplie le Createur vous donner en parfaicte santé très longue et très heureuse vie.

De Valence, ce 28 juillet 1577.

Vostre très humble et très obeissant serviteur et subiect,

Monluc, év. de Valance.

XIV

A la même.

Ibid., p. 448.

Madame, j'ay contredict quelques jours à Monsieur le comte de Vantadour et au sieur de Sansac en la pratique qu'ilz faisoient de gaigner deux hommes à qui me sembloit qu'on faisoit trop d'honneur et pour aultre raisons qui sont dignes de grandes considerations. Toutefoiz voiant les grandz affaires que le Roy a sur sez braz et le peu d'esperance qu'on peut avoir en celluy qui commande par deça, qui ne veult escouter ny croire personne, et si n'est pas à la puissance de toute la terre de luy faire changer son naturel, je m'accorde voluntiers à l'opinion dudict sieur comte et dudict sieur de Sansac et recognois qu'ilz vous feront grandz servicez si les brigandz tiennent ce qu'ilz ont promiz. Car s'il y a du mal aux conditions, le temps et l'industrie y apportera le remede. Il vault mieulx y entrer en une façon ou en aultre que de demeurer dehors et endurer les maulx que nous endurons tous les jours, qui sont tels que si Voz Magestez en scavoient la moitié vous passeriez par dessus toutes difficultez pour mettre en repoz tout ce pauvre peuple à qui ne reste que la parolle pour se plaindre.

Madame, je supplie le Createur vous donner en parfaicte santé très longue et très heureuse vie.

De Valence, ce 30 juillet 1577.

Vostre très humble et très obeissant serviteur et subiect,

Monluc, ev. de Valance.

XV

Au roi de France Henri III.

Bibliothèque de l'Institut, collection Godefroy, portefeuille 259.

Sire,

Je suis encores icy à l'instante priere et requeste que m'ont faicte les estats d'y sejourner quelques jours, et fais ce que je puis de mon costé pour renouer ce que ces grands cappitaines et entrepreneurs avoient rompu pour les entreprises de Marsillagues et de Bessousse. Je suis marry que celluy qui les avoit mis en besogne ne les a mieulx instruicts, encores eust-il mieulx faict de ne se mesler du tout poinct de ce à quoy il n'est pas appelé. Monsieur le mareschal de Dampville attend vostre commendement, cependant il se tient sur ses gardes et à ceste heure vient recepvoir des nouvelles de la reprinse de St-Nazaire, et qui a esté si dextrement executée et poinct d'hommes blessés ny tués, mais les chefs qui avoient declaré ne recongnoistre que leur espée recongnoistront par tout aujourd'huy un bourreau pour leur prince souverain. Quand à ce qui me concerne, le mareschal de Bellegarde, à faulte de meilleur occupation (comme je croy), faict son exercice à me faire la guerre, et sans Monsieur le cardinal d'Armagnac, il m'eust faict perdre la seconde recharge de sel qu'il a retenu six jours, et fault que j'en paye à mes voicturiers deux cents francs pour jour. Il me semble (et ne peut poinct faillir) que celluy qui emploie vos forces ou vostre auctorité et commodité de vos chasteaux et forteresses pour ses vengeances particulières meriteroit plus de punition qu'un faulx monnoieur qui n'abuse que de l'escusson de vos armes; et quoy qu'il tarde je m'asseure que vous representerez à tout vostre Royaulme la justice qui ne tournera ny à dextre ny à senestre. Cependant je vous supplie très humblement (Sire) me tirer hors de ceste querelle, pour le moins y metre troves, car je ne sçaurois plus vivre à me veoir ainsy mesprisé.

Sire,

Je supplie le Createur vous donner en parfaicte santé très longue et très heureuse vie.

Vostre très humble et très obéissant serviteur et subject,

Monluc, evesque de Valence.

De Pézenas, ce 23 may 1578 (1).

(1) Dans l'*Intermédiaire des chercheurs et curieux* du 10 mars 1867, j'ai posé cette question : Quelqu'un pourrait-il m'expliquer ce qu'a voulu dire Rigoley de Juvigny dans cette note ajoutée à l'article que consacre au frère de l'auteur des *Commentaires* La Croix du Maine (*Bibliothèque françoise*)? « On conserve à la Bibliothèque du Roi, parmi les manuscrits de Dupuy et de Guy Patin, beaucoup de lettres de Jean de Monluc. » Les manuscrits de Guy Patin sont inconnus à la Bibliothèque impériale, où l'on ne possède que des lettres du célèbre médecin éparses dans divers recueils, notamment dans les collections Dupuy et Baluze. Pourtant, MM. Haag (*France protestante*) ont encore signalé la présence de lettres de l'évêque de Valence dans l'imaginaire fonds Guy Patin. On voit que de claires et décisives explications sont bien nécessaires. — Jusqu'à ce jour aucune explication n'a été donnée en réponse à ma question. Seulement, dans le numéro du 10 avril, M. Jacques Dubreuil a bien voulu m'apprendre, ce dont je le remercie beaucoup, que les registres manuscrits de l'Ordre de Malte, conservés à la Bibliothèque de l'Arsenal, mentionnent la légitimation officielle de Balagny, fils de Jean de Monluc et « d'Anne Martin, abbesse de Goyon, à Valence en Dauphiné, *amie de l'évesque.* » Le P. Griffet avait donc eu tort de reprocher aux auteurs de l'*Histoire généalogique des grands officiers de la Couronne* d'avoir employé, dans ce cas, la singulière expression *légitimé*.

APPENDICE.

I

Lettre écrite en patois par François de Noailles, évêque de Dax, à Jean de Monluc.

M. A. de Ruble, auquel je dois tant d'autres précieuses indications, a eu l'amabilité de me signaler l'existence, dans le tome 647 de la collection Gaignières (f° 20), du curieux document que l'on va lire, et auquel se rapportent ces lignes du P. Griffet : « La cour de France avait voulu interposer dans cette affaire (l'élection du successeur de Sigismond) celle de Constantinople, et l'évêque de Dax, qui revenait en France, y avait été renvoyé pour obtenir la recommandation du sultan Sélim auprès des Polonais, en faveur du duc d'Anjou. Les lettres du Sultan arrivèrent en Pologne lorsque l'élection était faite, mais avant la cérémonie de la proclamation (1). » Je joins au texte patois, fort irrégulier et fort obscur, un essai de traduction que je dois à l'obligeance de M. Léonce Couture, rédacteur en chef de la *Revue de Gascogne*.

Monseigne, jou cresi que bet tens a bous aoes saubut qu'au mes de setenbre jou meri partit dassi per ana a loustau. A Raguse me troubet lou secretari Massiot mandat dau roi louqual boulet que iou tournessi assi per lou heict que bous es lai. En camin benguet enqueres lou seigne Germini et despuch un aute paquet per aquomediez : aquel paquet disio commen moussen Gonnello avio mandat au rei per son secretari que moussen Guillen de la Prebostat domandesso ab aquestos gens les conditions que bous sabes per acaba vostre pris feict. Iou lay heict et ay perdut mon tens et ques piri

(1) On trouvera sur ce point de bien intéressants détails et de bien importants documents dans *Henri de Valois et la Pologne en 1572*, t. II, p. 244. Charles IX avait écrit, le 30 novembre 1572, à l'évêque de Dax : « Je vous prie desploier en cecy toute vostre industrie, faisant ung chef-d'œuvre de vostre mestier, etc. »

quan iou ay cercat dos espedienz à les grands difficultas que me hasin assi, iou ay conescut plan que plus leou nous empecherien que de nous aiuda, iou bous ay escriout toutes causes per lo nebout del mort Archevesque de Vienne que iou ay heict passa pou quartei del seigne Unlerb (?) et li mandi bous embia mes lettres bistemen : dab aqueres saubres qu'assi man usa grand cop de taquagneries en questes habas, et iou de despit en soy mich malaux et creseri que questes ribaux non han pas gran conte de nous aux, ares qu'an heicte la pach dab aquez Can et lou Seigne don Ferrier (1). Et pensi que si bostes gens no saccordent leou qu'aquestes aniran boida lou differen et aquo non se po empacha meillou qu'en hasen delai aquo que bous boulez. Et quen sera heict lous remedis seran bouns de retroba les causetes pergudes et que son refusades per amour et may per n'aver d'autres. You soy en tau ligat que non podi solamen scrire aquet que iou boli, que de bon co bous auri embiat un dos memes et hei cercat don ha. Ma lou rehus que men es estat heict me hei crese que nabes recebut lou pacquet que lou segne de Presault (que iou abeui laissat assi en mon loc) bous a enbiat despuch lou xvij de jüin, dedens loquau ero uno lettro daquel que gouberne assi que mandao adaquets de delai de causi et ha lou rey un dentretz et que si no se podian accorda que causissent noste monseigno, et son aquestes tousten en aquere opinion quan parlen dab nous aux, et iou sabi be de bon endreit quets an gran pau qu'enqueres aquo hangui, per so quet es trot bravé et de trot gran oustau et ets no cerquent gens de si fort besin. Bous es si abisat que sabres plan ha noste prou de tau suggeit au quau lous de delai deben prene garde are mai que iamais. Si iou eri plan segu d'aquestes, iou scribe[ri] mai long; ma daqueste medis no sabi iou que se ne hara, et perso aiuda bous de tout ce que poires, que iou ne bous podi pas de re aiuda que de tau rehus, parso que aquo nes pas per lou bent que bolent adaquets paubrets, ans es be per lenbege qu'an d'ana prene quel pais unguan et lou mestrega, laquau cause no se hara si an en teste un cap tau que lou noste qu'assi saben mai balen que iou no bourri et que es mai cragnut que amat. Si bostes gens auran bon conseil ets y pensaran dan millou sens qu'auran, et tro-

(1) Le toulousain Arnaud du Ferrier, qui fut à la fois un habile jurisconsulte, un habile diplomate et un habile écrivain (Voir ses dépêches dans les *Négociations* publiées par M. Charrière, t. III). Arnaud du Ferrier ne jouit pas assez de la triple réputation qu'il mérite. Du Plessis-Mornay (*Mémoires*, t. I, p. 644) avait raison de l'appeler « très grand personnage. »

baran qu'en tout lou mond no y a per ets mos pu segu per brida aquestes arrousins que lou noste. Iou sabi be que moussen Gonelo es abile homme si nes nat en tout son pais per sabe ha son prou de toutes causes, et iou nai aute regret ni creboco que de no li pode ha sabe aquo que mossen Guillen toquo dab las mans. Et ha be mandat au rei plan plan, et mai plan ares darreroment como habio heict despuch lo meis de juliet per lo medis Germiny, non pas per queste heict solement ma de tous autes que questis cragnen pode lour da del dam, ou be lan ets pensen han de profiet. Ets an bien ares delai aqueste ribaudat, et iou sabi be ques countre nous si poden, anqueres quets disent (ques per lou meditz heict que ares estay escrivent) (1) que nero de prega de fa cap noste Monseigneur si no se poudon accorda d'un dets. Bous sabes be com aquo sapero et que lou but es de separa aquets paubrets et engendra quereles entre ets, ou de abe un besin mai feble que nous aux et per ne aben tousten meillou mercat. D'autres qui saben bostes noelles man dit que bous abias esta ben vengut delai et iou en soi fort aise et que davant que recebias aquestes tout sera heict ou fally. Iou pregui Diou que bous donni ben biage bon ha de ben tourna a loustau et plan conten, autan se ne prego (mas quet bolias) per lo rai de mossen Guillen lou quau bous recommando à tous deux do millou co qu'agi.

Do loc lan bous es estat d'autes cops, le xxij mars 1573.

Mossen Guillem de la Prebostat.

Monseigneur, je crois que, beau temps il y a, vous avez su qu'au mois de septembre j'étais parti d'ici pour aller à la maison. A Raguse me trouva le secrétaire Massiot, mandé par le Roi, lequel voulait que je revinsse ici pour le fait pour lequel vous êtes là. En chemin vint encore le sieur Germini, et depuis un autre paquet pour ce même objet; ce paquet disait comment M. Gonnelle avait mandé au Roi par son secrétaire que M. Guillaume de la Prévôté demandât à ces gens-ci les conditions que vous savez pour achever votre prix fait. Je l'ai fait et ai perdu mon temps, et, ce qui est pire, quand j'ai cherché des expédients aux grandes difficultés qu'on me faisait ici, j'ai bien connu qu'ils nous empêcheraient plutôt que de nous aider. Je vous ai écrit toutes choses par le nevou du défunt archevêque de Vienne, que j'ai fait passer par le quartier du seigneur *Unlerb?*, et je lui mande vous

(1) Phrase qu'un pli du papier rend à peu près illisible.

envoyer mes lettres vitement. Par icelles vous saurez qu'ici on a usé pour moi de beaucoup de taquineries en ces affaires; et de dépit j'en suis à demi malade et crois que ces ribauds ne font pas grand compte de nous autres, maintenant qu'ils ont fait la paix avec ce Khan et le seigneur don Ferrier, et je pense que si vos gens ne s'accordent bientôt ceux-ci iront vider leur différend, et cela ne se peut mieux empêcher qu'en faisant là-bas ce que vous voulez. Et quant ce sera fait, les remèdes seront bons pour retrouver les petites choses perdues et qui sont refusées par amour [qu'on ne veut pas accorder de bonne grâce], et même pour en avoir d'autres. Je suis en un tel embarras que je ne puis seulement écrire ce que je veux; car de bon cœur je vous aurais envoyé un [messager], deux même et ai cherché à le faire. Mais le refus qui m'en a été fait me fait croire que vous n'avez pas reçu le paquet que le sieur de Présault (que j'avais laissé ici en ma place) vous a envoyé depuis le 17 juin, dans lequel était une lettre de celui qui gouverne ici qui mandait à ceux de là-bas de choisir et faire roi un d'entre eux, et que s'ils ne se pouvaient accorder, ils choisissent notre Monseigneur. Et ceux-ci sont toujours en cette opinion quand ils parlent avec nous autres; et je sais bien de bon endroit qu'ils ont grand peur qu'encore cela n'aille [ne réussisse], parce qu'il est trop brave et de trop grande maison, et ils ne cherchent pas des gens d'un si fort voisin. Vous êtes si avisé que vous saurez bien faire notre profit de telle suggestion à laquelle ceux de là-bas doivent prendre garde maintenant plus que jamais. Si j'étais bien sûr de ceux-ci, j'écrirais plus long; mais de ceci même, je ne sais ce qui s'en fera, et partant aidez-vous de tout ce que vous pourrez, car je ne puis vous aider de rien que de tel refus [*conseil de repousser les suggestions des Turcs*], parce que cela n'est pas pour le bien qu'ils veulent à ces pauvrets, mais bien pour l'envie qu'ils ont d'aller prendre ce pays cette année et le maîtriser : laquelle chose ne se fera pas s'ils ont à leur tête un chef tel que le nôtre, qu'ici l'on sait plus vaillant que je ne voudrais et qui est plus craint qu'aimé. Si vos gens ont bon conseil, ils y penseront du meilleur sens qu'ils auront, et ils trouveront qu'en tout le monde il n'y a pas pour eux mors plus sûr pour brider ces roussins-ci que le nôtre. Je sais bien que M. Gonnelle est habile homme s'il y en a aucun dans tout son pays, pour savoir faire son profit de toutes choses et je n'ai d'autre regret ni crève-cœur que de ne lui pouvoir faire savoir ce que M. Guillaume touche avec les mains. Il a bien mandé au Roi parfaitement, et surtout tout dernièrement, comment il avait fait depuis le mois de juillet, par le même Germiny, non pour ce fait-ci seulement, mais de tous les autres que ceux-ci craignent pouvoir leur faire tort ou bien où ils pensent faire du profit. Ils ont bien maintenant là-bas ce ribaud, et je sais bien que c'est contre nous s'ils peuvent, encore qu'ils disent que [c'est] pour le même fait pour lequel maintenant je suis à écrire, qui était de prier de faire chef notre Monseigneur s'ils ne se peuvent accorder d'un d'entre eux. Vous savez bien comment cela s'appelle et que leur but est de diviser ces pauvrets et d'engendrer des querelles entre eux, ou bien d'avoir un voisin plus faible que nous autres et pour en avoir toujours meilleur marché. D'autres qui savent de vos nouvelles m'ont dit que vous aviez été bien venu là-bas, et j'en suis fort aise, et que, avant que vous receviez les présentes, tout sera fait ou perdu. Je prie Dieu qu'il vous donne bon voyage, bon agir, de bien revenir à la maison et bien content. Autant est demandé (pourvu que vous le vouliez) pour le frère de Monsieur Guillaume lequel vous recommande à tous deux du meilleur cœur qu'il ait.

Du lieu où vous avez été autrefois, le 22 mars 1573.

Monsieur Guillaume de la PREVOTÉ.

II

Des lettres de Jean de Monluc publiées par M. le marquis de Noailles (1).

T. III, p. 218 : Lettre, du 22 janvier 1573, au roi, tirée du volume 338 de la collection Colbert. Détails sur les manœuvres exécutées en vue de l'élection. Dépenses faites pour acheter les suffrages. (Si n'estoit pour le Lasqui à qui l'on a tant promis, je vous eusse tiré de toutes despenses extraordinaires pour trois mil escus, qui est bien peu, vu l'affaire dont il est question et que ma négociation n'est pas enclose dans une basse court, ny avecq ung prince seul, mais l'estendue en est de plus de trois cents lieues de pays où il fault escripre et bien souvent envoyer). Conseils transmis au sieur de Pibrac pour la rédaction de son mémoire en faveur du duc d'Anjou.

Ibid., p. 223 : Lettre, du 20 janvier 1573, à Brulart, tirée du même volume et du volume 327 de la collection Fontanieu. (Fault bien que

(1) Je n'indique pas ici d'autres documents, tels que les pouvoirs donnés par le duc d'Anjou à Jean de Monluc et les instructions qu'il reçut le 6 septembre 1572, documents qui avaient déjà paru dans la *Revue rétrospective* (t. IV, p. 39, 41, etc).

je vous mercie, mais c'est du plus profond de mon cœur, de la despeche que m'a apporté le doyen de Dye, qui est telle que je n'en pouvois désirer de plus favorable, et encore que tout cela revienne au service et à l'avantaige des affaires du roy, si est-ce que je m'en tiens autant obligé, comme si la poursuite du royaulme se faisoyt à mon nom, et mesmes que le dict doyen m'a faict entendre combien vous estimez ce qui vient de ma boutique, en quoy je recognoy bien que bien que vostre jugement soit toujours bon, il a esté à ce coup pratiequé par l'amytié que vous me portez; et pour vous en dire ce qu'il en est, les melancholies, fascheries, desfaveurs, maladies, viellesse et avoir cogneu despouis quelque temps le peu de compte qu'on faisoyt de ma marchandise a rendu ceste paouvre bouticque aussy deserte et aussy mal garnye que pourroit estre celle d'ung qui auroit faict banqueroute. Vous verrés, monsieur, ce que j'escrips au roy et à Monsieur touchant le faict de La Rochelle. Je m'asseure (et croyés le) que si entre cy et le jour de l'eslection survient nouvelle de quelque cruaulté, s'il y avoit icy dix millions d'or pour gaigner les hommes, nous n'y ferions rien. Ils adviseront si une opinion de vengeance leur importe plus que l'acquisition d'un royaulme. J'escrips à la royne et la suplie de faire prier Dieu, affin qu'il veulle conduire cest affaire..... Au diable soyt la cause qui de tant de maux est cause, et qui d'ung bon roy et humain, s'il en fust jamais, l'ont contrainct de mectre la main au sang, qui est un morceau si friant, que jamais prince n'en tasta qu'il n'y voulust revenir..... Quant est à moy, je n'ay pas loysir de prier encore qu'en ceste saison il y eust du tonnerre, car j'ay cinq cens dogues attitrés à me mordre qui abboyent jour et nuict et fault que je réponde à tous (1).)

Ibid. p. 329. Lettre à M. de Lanssac (2), du 31 mars 1573, tirée des

(1) Suivent deux lettres de Brulart au duc d'Anjou (13 et 16 mars 1573, collection Colbert, 338) desquelles il résulte que Jean de Monluc avait réclamé l'envoi en Pologne de François de La Noue, « pour dire certaines choses sur ce qui est advenu à Paris, et que Leurs Majestés n'avaient trouvé cet envoi aucunement à propos. »

(2) Gilles de Noailles fait un grand éloge de Lanssac dans sa lettre au roi, du 17 mars 1573 (t. III, p. 241) : « J'eusse bien desiré que ledit seigneur séneschal eust eu commodité d'estre icy plus longuement, pour ce que quant il en partist on commençoit fort à le visiter, et pour estre venu en très honneste équipage, si bien nourry et aprins qu'il est, et accoustumé aux meurs d'Allemaigne et de ce pays, et sçavoir parler plusieurs langages. Il s'est si bien accomodé aux humeurs de tous ceux qui l'ont veu, qu'il a laissé du regret de son partement et une singulière estime de ses vertus : et donc j'espère, sire, que sa venue par deçà y sera de grand fruict pour vostre service. » — Voir (*ibidem*, p. 519) un mémoire, tiré du Fonds français (vol. 3258) adressé par Lanssac au nouveau roi de Pologne.

Archives historiques du dépôt de la guerre, dépêches et mémoires des ambassades de François et de Gilles de Noailles (volume 7, p. 496) — Curieux détails sur la composition de la harangue destinée à enlever la diète. (J'ay par trois fois changé mon oraison et pour la matière et pour les parolles, tant j'ay esté combattu de divers advis et oppinions.) Embarras de l'auteur pour l'impression et la traduction de sa harangue en polonais. (Croiez, monsieur, que je ne fus jamais si près de recevoir une honte que à ce coup icy, que cent fois le jour je crie que Dieu m'a bien baillé mon purgatoire sur la fin de mes jours...) Craintes exprimées au sujet de la maladie de son fils. (Il y a autre chose qui me trouble grandement : c'est que Balagny du jour qu'il arriva à Cracovia, il y peult avoir six semaines, tomba malade d'une plurésie avec une fièvre continue, et fust si bas que l'on en feit prières publicques par toutes les églises de Cracovia... Je n'en ay aucunes nouvelles, qui me faict croire qu'il sera recheu et en sera mort). Monluc termine ainsi sa lettre : « Sur ce je feray fin, monsieur, après vous avoir dit encore une foys que vous soiez le bien venu, vous assurant que vous n'eustes jamais si grand envie de voir la trésorerie de Peyrac, que je désire d'estre avecque vous, car si vous ne me consolés à vostre venue, je croy que je deviendré fol, et si je le suis desjà je deviendré enragé (1). »

A ces analyses des trois lettres que j'ai eu la maladresse de ne pas trouver, je joindrai deux citations empruntées par M. de Noailles à deux auteurs que j'ai eu le tort de négliger. « Il n'y a personne qui ne sache, dit Blaise de Vigenère dans l'épître dédicatoire au duc d'Anjou des *Chroniques et Annales de Poloigne* (in-4°, Paris, 1573), que la principale gloire et honneur de tout ce négoce est due à bon droit à Monseigneur Jean de Monluc, évêque et comte de Valence, lequel (tout ainsi qu'un prudent et expérimenté pilote) a esté celuy qui a conduit et dressé la route de ce beau navire chargé, Sire, des précieuses et infinies richesses de vos perfections, qui a espandu les voiles de vos vertus à l'air et au vent favorable de vostre bonheur, tant que finablement le tout est parvenu sain et sauve au port désiré,

(1) Un peu plus loin (p. 398 et 412) nous trouvons deux documents, le premier en latin signé de Monluc seul et provenant du *British Museum*, le second en français signé à la fois de Monluc, de Noailles et de Lanssac, et provenant du Fonds français (vol. 3258), par lesquels on promet et même on jure aux Polonais que le duc d'Anjou épousera leur princesse Anne. Hélas! cette princesse, douée, il est vrai, « de rares et singulières vertus, » avait alors quarante-sept ans, et comme Henri n'en avait pas encore vingt-deux, l'engagement pris par les ambassadeurs était par trop téméraire.

où maintenant on jette l'ancre avec de si grandes allégresses et contentements. » (*Henri de Valois*, t. I, p. 92.) — « Monluc, dit Orzelski, l'historiographe de l'interrègne, était habile à capter par des paroles flatteuses tous ceux qui l'approchaient, et possédait l'art de s'accommoder au caractère de chacun, qu'il savait deviner sur-le-champ. Il modifiait son genre de vie selon les circonstances : en carême et les jours de jeûne marqués par l'église romaine, il imposait une sévère abstinence à toutes les personnes de sa suite, mais faisait lui-même usage des aliments défendus, se disant malade devant les catholiques, soutenant devant les réformés qu'il n'y avait aucun mal à manger de la viande tous les jours. Bien qu'il fût évêque, il ne se montrait jamais dans les églises. Aux uns, il jurait que Henri serait le défenseur de la foi, pour laquelle il avait si vaillamment combattu en France ; aux autres, que le duc d'Anjou n'avait pris aucune part aux guerres de religion, etc... Prodigue de promesses, il signait tous les engagements qu'on lui proposait, garantissant de magnifiques récompenses à ceux qui le seconderaient. Telle était l'hypocrisie de ce vieillard, qu'on ne pouvait trouver en lui rien de sûr, rien de stable, rien de sérieux. Il promettait plus de choses que n'aurait pu en tenir la chrétienté tout entière, mais sans jamais donner un écu comptant. Au contraire, n'étant riche que de paroles, il emprunta en Pologne de grandes sommes d'argent. » (*Ibidem*, t. II, p. 162.) M. de Noailles ajoute sagement : « Zélé protestant (1), et l'un des chefs du parti opposé à l'élection du fils de Catherine, Orzelski a pu se montrer sévère pour Monluc. Le triste dénoûment du règne de Henri laissa d'ailleurs une grande amertume dans le cœur des Polonais. »

(1) Le cardinal Hosius n'était pas plus indulgent pour l'évêque de Valence, lui qui (*Opera omnia*, Cologne, 1639, t. II, p. 351), confondant malicieusement le nom de Monluc avec le mot mameluck, écrivait : « *Mamalucum qui se vocat episcopum Valentiæ, primo quoque tempore cuperem ex patria nostra ablegari.* »

ERRATA.

Page 12, note (2), ligne 2, auraient, *lisez* aurait.

P. 21, n. (2), l. 8, emporté, *lisez* comporté.

P. 32, l. 16, Français, *lisez* français.

P. 34, note (4), *ajoutez :* ce ne fut pas lui, comme je l'avais dit étourdiment, qui fit élever le tombeau en l'honneur de Jean de Monluc. Ce fut un autre évêque de Valence, qui, comme lui, s'appelait Charles, qui, comme lui, était parent de Jean de Monluc. Charles I de Léberon était mort en 1600; Charles II de Leberon siégea de 1625 à 1654.

P. 60, l. 8, Loys de St-Gelays, à Escalin,
lisez Loys de St-Gelays.
A. Escalin.

P. 63, l. 23, et note (1), l. 2, Rossignac, *lisez* Roffignac.

DU MÊME AUTEUR :

Preuves que Thomas A Kempis n'a pas composé l'*Imitation de Jésus-Christ*; in-8°, 1862.

Mémoire sur le sac de Béziers dans la guerre des Albigeois et sur le mot : *Tuez-les tous !* attribué au légat du pape Innocent III; in-8°, 1862.

Quelques pages inédites de Blaise de Monluc; in-8°, 1863.

Douze lettres inédites de Jean-Louis Guez de Balzac; in-8°, 1863.

Quelques notes sur Jean Guiton, le maire de la Rochelle; gr. in-8°, 1863.

Notes pour servir à la biographie de Mascaron, évêque d'Agen, écrites par lui-même et publiées pour la première fois; in-8°, 1863.

Observations sur l'histoire d'Eléonore de Guyenne; gr. in-8°, 1864.

Louis de Foix et la Tour de Cordouan; gr. in-8°, 1864.

Lettres inédites de Bertrand d'Echaud, évêque de Bayonne, gr. in-8°, 1864.

De la question de l'emplacement d'Uxellodunum; gr. in-8°, 1865.

Lettres inédites de François de Noailles, évêque de Dax; gr. in-8°, 1865.

Vies des poëtes gascons, par Guillaume Colletet, gr. in-8°, 1866.

De la fondation de la Société des bibliophiles de Guyenne; gr. in-8°, 1866.

Essai sur la vie et les ouvrages de Florimond de Raymond; in-8°, 1867.

Inventaire des meubles du château de Nérac en 1598; in-8°, 1867.

La reprise de la Floride; in-8°, 1867.

Vies des poëtes agenais, par G. Colletet; in-8°, 1868.

Auch, impr. et lith. F. Foix.

www.ingramcontent.com/pod-product-compliance
Ingram Content Group UK Ltd.
Pitfield, Milton Keynes, MK11 3LW, UK
UKHW021104270726
13993UKWH00006B/1013

9 782329 267883